Pour Mary-José,

Pour Marseille-Provence.

MARSEILLE S'AFFICHE...

Regards sur la Provence

Patrick BOULANGER

MARSEILLE S'AFFICHE...

Regards sur la Provence

Participation photographique : Christian CRES

EDITIONS
E•E•M•P

Mario PEZILLA, 1908.

Depuis plus d'un siècle, Marseille s'affiche en couleur. Le talent des artistes a porté loin sa réputation et contribué à son rayonnement. La réclame, puis la publicité ont donné de son industrie et de son commerce des images fortes. Elles sont pour nous des arrêts sur mémoire. Elles fixent des moments choisis de notre histoire.

Que les affiches célèbrent les attraits de croisières sur de prestigieux paquebots, qu'elles vantent la qualité de produits locaux, elles matérialisent les rêves qui habitent Marseille depuis ses origines. Cet ouvrage constitue donc un témoignage important sur l'activité de Marseille, sur ses ambitions.

Mais il se présente aussi comme un album de famille que l'on feuillette avec une curiosité attendrie. Au-delà d'une certaine nostalgie, il s'en dégage de la poésie, de l'émotion, de la fierté.

Une fois ce livre refermé, il continue de vivre en notre cœur, nous invitant à méditer sur la grandeur passée de Marseille et sur ses chances d'avenir.

Jean-Claude GAUDIN

Maire de Marseille

Ministre de l'Aménagement du Territoire

de la Ville et de l'Intégration

Marseille, née de la Méditerranée, doit sa prospérité à son commerce et son industrie. Ses navires ont porté son renom aux quatre coins du monde. De son activité et de son expansion séculaires, nous conservons des témoignages colorés : des affiches par lesquelles Marseille a su vanter son cadre, ses spécialités.

Certaines de ces firmes, de ces compagnies existent encore de nos jours sous des formes diverses. Ces images anciennes demeurent. Elles ont certes perdu une part de leur signification, les messages ont changé. Mais elles ont gagné la poésie qui s'attache aux choses du passé.

En lisant ce bel album, on ressent une profonde fierté. Marseille y apparaît riche de son génie et de sa diversité. Au fil des pages, on retrouve bien des éléments qui font de Marseille-Provence un ensemble attractif, pour les touristes comme pour les chefs d'entreprise. Nos contemporains peuvent y puiser une leçon d'énergie et de confiance.

David DELLEPIANE, 1919.

L'essor de nouvelles sociétés, de nombreux secteurs économiques en témoigne. Des artistes, dans l'esprit du temps, mettent toujours leurs talents au service de ce dynamisme et de ces ambitions. Les affiches d'aujourd'hui sont dignes de celles d'hier. Elles s'inscrivent dans la continuité. Il faut s'en réjouir. Au-delà de l'intérêt artistique, les unes et les autres manifestent la permanence d'un destin.

Henry ROUX-ALEZAIS
Président de la Chambre de Commerce
et d'Industrie Marseille-Provence
Président du Port Autonome de Marseille

M*arseille s'affiche...*, avec de belles et rares images imprimées, facettes d'une cité ayant su rester le premier port de France et de Méditerranée. En une période de doute et de fin de millénaire, il n'était que temps de les rassembler. De cet ensemble apparemment composite se dégage un visage souriant, une âme forte, des certitudes. A leur manière, les affiches anciennes témoignent des attraits et des activités séculaires de celle que le poète Frédéric Mistral considérait comme la capitale latine d'un "empire du soleil". Lecteurs d'aujourd'hui, tombez sous leur charme quelque peu suranné ; laissez-vous captiver sans aucune nostalgie ; avec elles, Marseille-Provence est mise en lumière.

Des moments à l'affiche..., jalons d'une longue histoire. Ces références datées évoquent des heures légères à l'Alcazar cours Belsunce, aux Expositions coloniales rond-point du Prado. Les applaudissements, le bonheur de la découverte et de l'étonnement se figent avec le souvenir des lendemains de guerre ou d'une grande peste. D'autres restituent les tramways hippomobiles, les ascenseurs de Notre-Dame de la Garde, les paquebots en partance pour l'Amérique du Sud, ou les films de Pagnol et les opérettes de Scotto séduisant l'hexagone. Des appels silencieux s'élèvent à nouveau : "Travaillons", "Achetez" ou tout simplement "Marseille". Bien des messages restent à jamais perdus ayant subi un sort malheureux, altérés par la pluie, décolorés par le soleil, lacérés par des garnements ou recouverts par les campagnes d'affichage successives.

Des artistes s'affichent dans une étonnante diversité de styles. Réunissant les qualités de peintres et de publicitaires, alliant l'originalité du dessin aux coloris les plus attirants, les affichistes ont su résoudre les problèmes engendrés par la motivation initiale de vanter une cité, de vendre un produit, d'établir une marque. Des signatures recherchées se retrouvent apposées au bas des affiches : Misti, Pal, Dellepiane, d'Alési, Lelée à l'aube du XXe siècle, Broders, Sebille, Nicolitch, Mercier dans les années Vingt, suivies par celles de Ponty, Cerutti, Bermond ou Chapelet plus récemment. Des imprimeurs compétents traduisirent, avec la lithographie d'abord, l'offset ensuite, les nuances subtiles des maquettes gouachées dans les ateliers et les studios de création.

Des monuments à l'affiche, devenus les emblèmes d'une cité. Par des éléments choisis dans la parure architecturale, le rapport de Marseille à l'image s'établit lentement. L'on chercherait en vain l'Hôtel-Dieu, Saint-Victor, la Vieille-Charité, la gare Saint-Charles. Les Palais de la Bourse et du Pharo, l'Hôtel de Ville sont suggérés. Le Château d'If légendaire, le fort Saint-Jean débonnaire, le Pont-à-transbordeur arachnéen sont quelquefois utilisés. La signalétique d'une grande ville européenne ne saurait s'en satisfaire. La Canebière foulée par tous ceux qui un jour ou l'autre séjournèrent à Marseille cède progressivement le pas au plan d'eau du Vieux-Port, aux nouveaux bassins et surtout à la colline de Notre-Dame de la Garde. La basilique sublimée s'épure jusqu'à devenir une simple silhouette, gravée à jamais dans les souvenirs.

Des cités de Provence à l'affiche, accessibles à partir d'un carrefour international. Marseille, magnifique porte ouverte sur la mer selon la juste expression de Paul Arène, l'était aussi sur la Provence de l'intérieur. A son intérêt touristique propre, elle ajoutait des possibilités de croisières aux ravissants petits ports de Cassis et de La Ciotat, d'excursions à Aix, Martigues, Arles et Saint-Rémy. Un climat exceptionnel, les bleus de la mer et les verts de la campagne, des animations culturelles et des équipements hôteliers concourraient à faire de Marseille-Provence un lieu de séjour estimé, recherché.

Marseille-Provence rayonne par ces affiches. Les éléments soulignés naguère se retrouvent de nos jours : une cité lovée au soleil, laborieuse dans ses entreprises et ses commerces, les forces redynamisées d'un port et d'une foire, une presse vivante, la Provence mistralienne de Cassis aux Alpilles ; un coin de France attachant, souriant, riche de ses traditions et de ses populations, où les formes régénérées de la vie et de l'esprit s'accordent avec un humanisme hérité des siècles passés. *Avec Marseille-Provence, la Méditerranée s'affiche.*

P. B.

MARSEILLE S'AFFICHE...
À LA BELLE EPOQUE.

ALCAZAR
Misti
Marseille à Travers les AGES
FANTAISIE LOCALE à GRAND SPECTACLE
en 2 actes et 12 tableaux dont un prologue
de
MAXIME GUY · EMILE HERBEL · A. VERNEUIL
Musique nouvelle et arrangée par M. PORINELLI
IMP. G. BATAILLE, 18, R. DE CHABROL, PARIS

"Alcazar",

affiche signée Misti, 1895.
Une sagesse séculaire

poster signed Misti, 1895.
A century old wisdom

"Marseille à travers les âges"... Massalia née de la volonté de Phocéens aventureux choisissant de s'établir près d'une petite calanque abritée et d'y bâtir une cité à l'image de celle qu'ils avaient abandonnée, loin de là sur un autre rivage. Massalia la Grecque, Massilia la Romaine, Marsiho la Provençale, Marseille Sans nom révolutionnaire, Marseille active, premier port de France et de Méditerranée : vingt-cinq siècles de courage et de fierté. Assaillie, pillée, bafouée, calomniée des dizaines de fois, Marseille ne s'est jamais avouée battue ; et son histoire d'aller ainsi de crises violentes en périodes fastes. En avril 1895, la salle de l'Alcazar, le temple du music-hall marseillais, programma une "*fantaisie locale à grand spectacle*" inspirée par cette histoire millénaire. Même si le livret a disparu, il n'y a qu'à voir l'affiche du Parisien Misti pour imaginer quelques-uns de ses onze tableaux. Une joyeuse sarabande se déroule, formée de personnages vêtus de costumes de l'Antiquité au siècle dernier. Née des amours d'une princesse ligure et d'un navigateur phocéen, la Ville de Marseille personnifiée près de la statue d'un faune retrouve avec le sourire les éléments de son riche passé. Forte d'une sagesse que rien ne pouvait ébranler, Marseille gardait confiance en son avenir.

"Rue Cannebière", publicité d'intérieur anonyme, 1889.
Une renommée internationale

interior advertisement anonymous, 1889.
Marseilles' most famous way

"Rue Cannebière"... Au coeur de Marseille, cette artère jouissait d'une notoriété qui depuis longtemps avait dépassé les limites de la seule Provence. Tracée lors de l'agrandissement de 1666, s'ouvrant sur un port à vocation mondiale, la Canebière devait son nom à un ancien ruisseau où l'on faisait rouir le chanvre ("canebe" en provençal), servant aux cordages des voiliers. Dès sa création, rehaussée par l'architecture des immeubles qui la bordaient, elle avait fait l'orgueil des Marseillais ; pourtant, du carrefour des cours Belsunce et Saint-Louis au port, cette percée n'avait guère plus de 300m de long sur 50m de large, et il fallut attendre une décision municipale de 1927 entérinant l'usage oral pour qu'elle s'étende jusqu'au parvis des Réformés, englobant la rue Noailles et les allées de Meilhan. Il n'empêche, sa renommée était internationale. Pas un voyageur à la descente d'un navire ou attendant son embarquement ne manquait d'y faire un tour en curieux, flâneur en quête d'un souvenir. Le long des trottoirs, il se mêlait aux Marseillais et aux autres en un cortège cosmopolite, extraordinaire mélange de langues et de tenues. Les négociants, courtiers, agents de change, commis, industriels se pressaient pour leur part à la Bourse de Commerce, dans un palais inauguré par Napoléon III, et concluaient leurs opérations dans les grands cafés proches. Durant ces conversations ardentes, à l'absinthe pernicieuse, mieux valait préférer des boissons alcoolisées réputées toniques et désaltérantes, "hygiéniques" selon l'expression à la mode : amers, bitters, banyuls... Il fallait se méfier aussi des contrefaçons, ou de la concurrence. Car s'il n'y avait qu'une Canebière, il n'y avait qu'un véritable amer Picon. Gaétan Picon avait imaginé cet apéritif à base d'écorces d'orange, de quinquina et de plantes amères durant la conquête de l'Algérie. A partir de 1837, il installa de petites distilleries à Philippeville, Constantine, Bône, puis en 1872 il créa une grande usine à Marseille, boulevard National, et y transféra le siège social. D'autres distilleries suivirent à Rouen, Bordeaux, Paris, des entrepôts à Alger, Tunis et Lyon. A l'Exposition Universelle de 1889, la Maison G. Picon reçut une médaille d'or, la plus haute récompense. C'est à cette époque là que deux associés marseillais, profitant de l'homonymie de l'un d'eux, Etienne Picon, lancèrent sur le marché marseillais un amer "extra". Malgré des hommes-sandwichs et des véhicules publicitaires déambulant sur la Canebière, leurs produits ne purent rivaliser en qualité et en célébrité avec les bouteilles dont l'étiquette portait en évidence la signature flamboyante de Gaétan Picon. Clairvoyant, le public français ne se laissa pas abuser.

Le Kina Château d'If, un autre apéritif bien marseillais, avait été mis au point par Auguste Bérard à la fin du XIXe siècle. Pour le faire connaître, associé à A. Pellegrin au 94 de la rue Grignan, il n'avait pas hésité à l'affubler du nom de l'îlot immortalisé par Alexandre Dumas. Il ne s'agissait pourtant que d'un apéritif au quinquina et à la gentiane... Dans les années 1890, si l'on ne distillait plus guère de liqueurs à Marseille, en revanche la fabrication des autres alcools avait pris un grand essor, leur distribution internationale s'appuyant sur le port. En premier lieu, ces boissons étaient appréciées dans les grands cafés de la Canebière. En ces établissements tout en dorures, miroirs, marbres, stucs, mosaïques et trumeaux peints, un personnel stylé s'occupait de la clientèle. Une affiche pour le Kina Château d'If présente l'une de ces jeunes serveuses. Sanglée dans un spencer à manches gigot, le col du chemisier strictement fermé, l'aumônière tranchant sur le blanc du tablier, elle apporte une bouteille de l'apéritif d'Auguste Bérard, alors premier adjoint au maire et administrateur délégué de la Compagnie des Vignobles de la Méditerranée. Une personnalité en vue qui désirait s'ancrer mieux encore dans le paysage marseillais, à l'image de la petite forteresse maritime.

"Kina Château d'If",

affiche anonyme, vers 1897.
Un apéritif bien marseillais

anonymous poster, 1897.
A reputed local drink

"Tramways de Marseille",

affiche anonyme, vers 1895.

Le réseau le plus étendu de France

anonymous poster, about 1895.

The largest network in France

De toutes les villes de France, à la fin du siècle dernier, Marseille était certainement celle qui possédait le réseau de tramways le plus étendu, dépassant les 125 kilomètres. La création de transports en commun était déjà ancienne. L'accroissement et les besoins de la population avaient nécessité en 1840 la mise en place d'un service d'omnibus à chevaux. Une avancée certes, mais qui n'allait pas sans difficultés, la cavalerie n'étant guère respectueuse des horaires. Après les omnibus, vinrent les tramways à traction animale. A la suite de Paris, Marseille fut dotée de voies ferrées destinées aux transports urbains par une convention signée en 1873. Les tramways, eux aussi tirés par des chevaux, étaient plus confortables que les omnibus en offrant moins de résistance au roulement. Mais la traction animale restait d'un coût élevé, ses possibilités comme son endurance limitées. Aussi, révolution industrielle oblige, on envisagea rapidement leur remplacement par la traction mécanique et c'est vers la vapeur que l'on se retourna d'abord. A son tour, ce système fut abandonné en 1894 au profit de la traction électrique. L'installation des fils conducteurs aériens jugés inesthétiques donna lieu à de nombreuses critiques et controverses. Mais la réussite du nouveau système, la vitesse et la robustesse des motrices devaient entraîner progressivement la modification du matériel. Une affiche invitait à des "*promenades par les tramways*" à l' Estaque, sur le chemin de la Corniche, au Prado, au Parc Borély, au départ de la Canebière, l'artère maîtresse de la cité, et de la Place Victor-Gélu près de la mairie. Les usagers furent enthousiasmés. Les voitures de la Compagnie générale française de tramways sillonnaient la ville et les banlieues à leur service. Devant le succès, l'électrification totale du réseau fut décidée en 1900. Marseille préparait son entrée dans le XXe siècle.

Desservis par des omnibus à chevaux, les ascenseurs construits de 1890 à 1892 sur l'une des parois de la colline Notre-Dame de la Garde permettaient d'accéder facilement au sanctuaire, objet de la vénération des fidèles, mais aussi à l' "*un des plus beaux panoramas du monde*". Moyen de transport en commun original, le funiculaire à crémaillère avait été conçu par l'ingénieur marseillais Emile Maslin. Jusqu' alors, la montée à pied par un chemin tortueux relevait du véritable voyage ; désormais il était possible de gagner le sommet en quelques minutes et sans fatigue. La "gare des ascenseurs" se trouvait rue Cherchell, à l'une des extrêmités de la rue Dragon. Un pavillon d'accueil de style orientalisant, entouré d'un parc à l'anglaise, donnait accès aux cabines, l'une montante, l'autre descendante. Elles glissaient, non sans quelques trépidations, le long d'un plan incliné à 60°, haut de 84 mètres, selon le système "à balance d'eau", des machines à vapeur approvisionnant des caisses d'eau qui jouaient pour chacune le rôle de contrepoids. Une passerelle métallique construite par les ateliers Eiffel conduisait du pylône d'arrivée au perron de la basilique. Par dizaines de milliers chaque année, les Marseillais ne se privaient pas d'emprunter ce nouveau chemin alliant sécurité et modernité pour retrouver leur "Bonne Mère".

"Ascenseurs de Notre-Dame de la Garde",

affiche anonyme vers 1895.

Pour rejoindre la Bonne Mère

anonymous poster, about 1895.

How to get there and enjoy the sight below

"Savon de la Bonne Mère",

affiche anonyme d'après Pal, vers 1896.
Les plus grandes savonneries au monde

anonymous poster after Pal, about 1896.
The biggest soap factories in the world

La colline Notre-Dame de la Garde, avec sa basilique bâtie sous le Second Empire par l'architecte Espérandieu, était restée un haut lieu de spiritualité, but de nombreux pélerinages. Souvent l'on y voyait monter des équipages de navires, après leur arrivée dans le port. Protectrice des marins, la Vierge à l'enfant était également la sainte-patronne des savonniers. Ses statuettes placées bien en évidence sur les murs des fabriques devaient guider le travail des maîtres et de leurs ouvriers. Modeste produit d'hygiène né obscurément sur les bords de la Méditerranée, le savon avait pris ses lettres de noblesse à Marseille, devenant le symbole de l'activité de cette grande cité portuaire, internationalement apprécié et diffusé. Un siècle plus tard, pour l'identification de ses cubes et de ses pains, le fabricant Charles Morel qui avait installé les plus importantes savonneries alors au monde dans le quartier des Chartreux n'hésita pas à s'approprier la "Bonne-Mère".

Un autre grand savonnier marseillais, Félix Eydoux, qui avait fondé ses établissements en 1855 dans le quartier de Menpenti, avait lui aussi choisi la Vierge comme marque de fabrique. Depuis le Premier Empire, il était fait obligation d'imprimer en creux sur les savons la nature des corps gras, les noms des fabricants. Sur ses publicités, Félix Eydoux était fier de présenter aux consommateurs son *"usine à vapeur produisant 35 000 kilogrammes de savon par jour"*, qu'il plaçait sous la protection d'une Vierge douce et bienveillante. Il en fabriquait plusieurs qualités : des savons blancs en barres et morceaux moulés, des marbrés bleus, des recuits pour l'exportation et ce qui allait devenir sa spécialité avec le XXe siècle : le savon de toilette parfumé Mikado. Celui à l'huile d'olive qu'il prônait encore apparaissait de plus en plus comme un produit du passé. Le jus tiré des fruits de l'olivier méditerranéen, composant essentiel depuis le XIVe siècle, avait été remplacé dans les modes de fabrication par les huiles concrètes exotiques de coprah et de palmiste, et parfois le saindoux. Désormais, les savons à l'huile d'olive verts ou blancs voyaient leurs débouchés limités à quelques marchés pour répondre à des pratiques religieuses ou des applications textiles spécifiques.

"Savon de la Vierge",

carton publicitaire anonyme, vers 1880.
L'ancêtre des produits d'hygiène

anonymous advertisement, about 1880.
The very first health produce

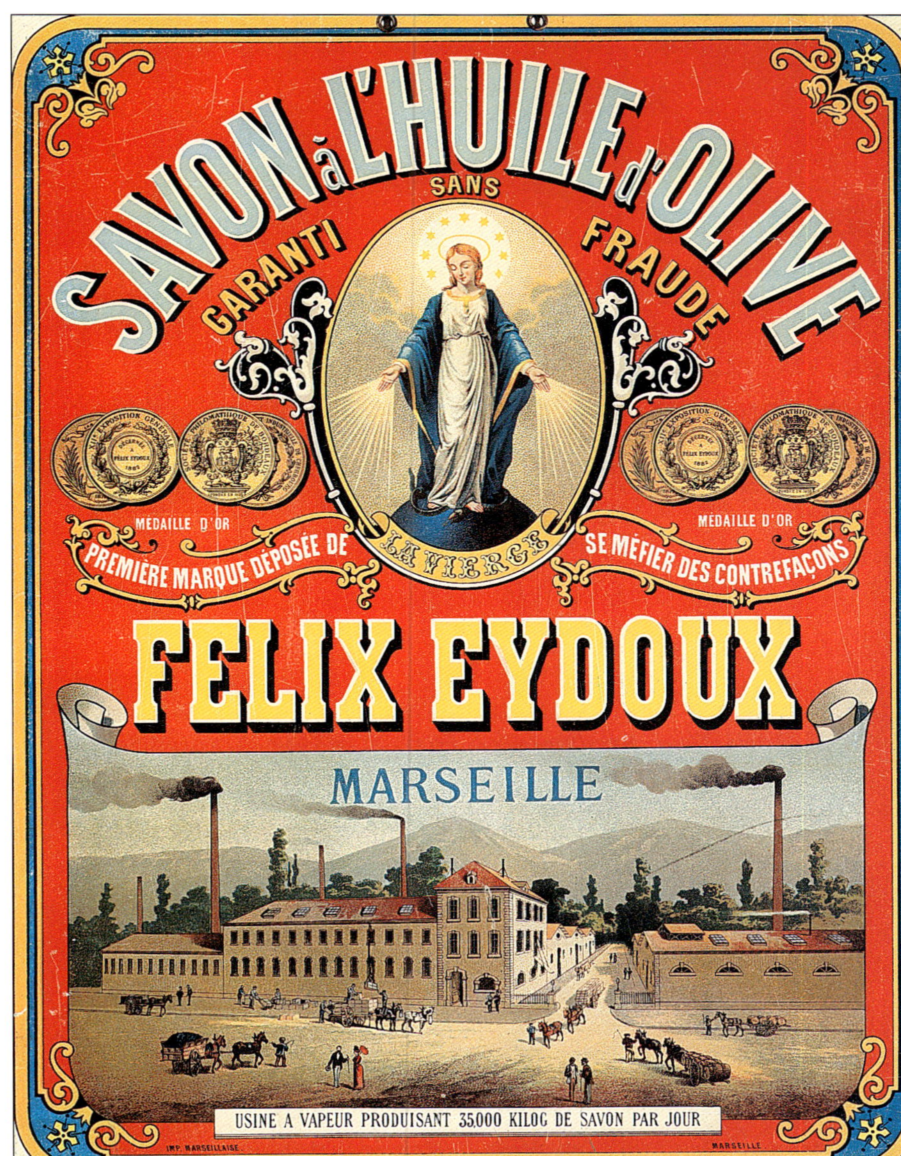

"Calendrier marseillais"

illustré par Joseph Garibaldi, 1893.

La plus importante imprimerie d'Europe

calendar illustrated by Joseph Garibaldi, 1893.

The biggest printing house in Europe

L'activité des entreprises régionales eut une influence favorable sur l'évolution des arts graphiques à Marseille. Pour répondre à des besoins grandissants en impression et en publicité, des ateliers et des imprimeries de lithographie s'étaient multipliés. La maison Moullot était la plus réputée. De simple entrepôt de papier pour l'exportation, à ses débuts en 1850, elle devint sous la direction du fils aîné du fondateur la plus importante imprimerie d'Europe. En 1893, elle comptait déjà sept succursales en France, dans le bassin méditerranéen et jusqu'en Extrême-Orient. Moullot fils aîné, "fournisseur du haut commerce et des grandes administrations", répondait à toutes les demandes : affiches illustrées en couleur, calendriers à chromos, tableaux d'annonces, étiquettes, en-têtes de lettres et de factures. Ses lithographies rivalisaient avec celles des établissements parisiens les plus réputés (Camis, Champenois, Devambez, Draeger, Laas, Verneau...). Pour les réaliser, il faisait appel à de jeunes artistes-peintres de talent, Joseph Garibaldi ou David Dellepiane en particulier. Pour le 8e calendrier annuel offert à la clientèle, Garibaldi composa un tableau comme il en avait le secret. La nouvelle cathédrale, pensée par l'architecte Vaudoyer, poursuivie par Espérandieu et terminée par Révoil, venait d'être livrée au culte en 1893, après une quarantaine d'années de travaux. Garibaldi la campa tel un énorme vaisseau amarré à quai. Malgré sa majesté, la nouvelle Major ne faisait pourtant pas l'unanimité. Certains lui reprochaient sa situation excentrée, ses impressionnants volumes, la froideur des marbres et des mosaïques ; d'autres, plus simplement, d'avoir été édifiée en lieu et place d'une vénérable cathédrale romane à moitié détruite, transformée en sacristie provisoire.

Une autre église de Marseille de construction récente faisait également l'objet de critiques : Saint-Vincent de Paul, plus familièrement appelée "Les Réformés". Erigée sur l'emplacement de l'ancien couvent des Augustins réformés, elle se voulait le mélange de plusieurs monuments gothiques. En fait, l'oeuvre de l'architecte Reybaud, corrigée par l'abbé Pougnet, n'aboutit qu'à un pastiche hasardeux que ne pouvaient contrebalancer sa beauté ogivale et ses flèches de 75 mètres de haut. Un calendrier Moullot pour la savonnerie J.D. Bellon restitue Les Réformés dans leur environnement. L'animation d'un grand carrefour, les façades des immeubles, des scènes de la vie quotidienne s'y retrouvent, traitées avec quelque naïveté. Le quinconce des Allées de Meilhan se parait depuis 1894 d'un monument aux mobiles, ce corps franc levé à Marseille et décimé lors des combats sur la Loire en 1871. Bien que visible depuis le bas de la Canebière, l'église Saint-Vincent de Paul était éclipsée dans le coeur des Marseillais, tout comme La Major, par le sanctuaire de Notre-Dame de la Garde.

"Calendrier marseillais"

anonyme, 1896.
Un coin de Marseille à la Belle Epoque

calendar anonymous, 1896.
A location in Marseilles in the Belle Epoque

GRAND ETABLISSEMENT THERMAL
ET BAINS DE MER
DU ROUCAS-BLANC
PLAGE·PRADO·MARSEILLE
HÔTEL
DE 1er ORDRE
Ouvert toute l'Année
LA SOURCE
SPÉCIALITÉ POUR NOCES
DÉJEUNER
à 3 Fcs & DINER à 4 Fcs
INSTALLATION HYDROTHÉRAPIQUE
Bains de Mer chauds & d'eau Minérale chaude
Douches d'eau froide & chaude à puissante pression.
Directeu
Propriéta
COUETTE -
NCIP
MOULLOT FILS AINÉ - MARSEILLE

"Grand Etablissement du Roucas-Blanc",

affiche anonyme, 1899.

Une source reconnue d'utilité publique en 1852

anonymous poster, 1899.

A patented spring since 1852

La mer était l'un des grands attraits de Marseille. Source d'activités et de richesses, la Méditerranée offrait encore ses eaux pour les joies des sports nautiques ou de nécessaires thérapies. Pour découvrir la grande bleue dans toute sa splendeur naturelle, il suffisait d'emprunter le chemin de la Corniche qui serpentait depuis les jardins du Pharo, en suivant la côte. De merveilleuses visions de la rade et des îles s'offraient tour à tour jusqu'à la plage du Prado. Dès les premières tiédeurs printanières, des baigneurs venaient s'y ébattre, souvent engoncés dans de longs maillots ; quelques naïades se plaisaient à porter déjà des tenues plus suggestives. Le soir, des restaurants ouvraient leurs salles à d'autres clientèles citadines. Le grand Etablissement du Roucas-blanc, qui tirait son nom du rocher sur lequel il semblait tapi, était de tous le plus réputé. Il abritait une source thermale parée de vertus médicinales depuis le Moyen Age. L'eau chaude qui s'échappait d'une anfractuosité alimentait une "*installation hydrothérapique*" complète, avec douches vertébrales, dorsales, à cercles, à lames, à vagues... Dehors, ces bains de mer offraient des cabines spacieuses ; de vastes promenades s'ouvraient sur quatre hectares de bassins en pente douce et au sable fin. Un hôtel et un restaurant complétaient l'ensemble inauguré en 1875. Une clientèle aisée se baignait, buvant quelques tasses salées, ou se pliait à des cures absorbant l'eau minérale du Roucas mise en bouteille. Et ainsi Marseille, reconnue "plage marine" dans les guides spécialisés de l'époque, rêvait d'accoler à son nom le qualificatif envié de "ville d'eaux".

"Concours hippique",

affiche anonyme, 1903.

Un événement sportif et mondain, parc Borély

anonymous poster, 1903.

An athletic and trendy event, Borély Park

A l'extrémité du Prado, une partie de la plage était fréquentée tout au long de l'année par les équipages à cheval. Amazones, hussards, voitures de maître s'y croisaient avec civilité. En 1903, ils s'étaient retrouvés pour le Concours hippique organisé sur les pelouses entourant le château Borély, à l'initiative de Charles Gounelle fils, un huilier, de ses amis et du Syndicat d'initiative. La vogue naissante des sports mécaniques, le vélocipède et l'automobile, n'avait pas encore éliminé l'équitation. Quatre journées durant, le Concours hippique allait donner lieu à un évènement mondain. Les élégantes de Marseille s'y retrouvaient en tenues printanières dans des tribunes décorées, au côté de personnalités de l'économie et de la politique. On admirait les montures racées, on applaudissait les exploits des cavaliers. Les fines cravaches de la cavalerie affrontaient pour l'occasion les habits rouges des civils. L'épreuve des voitures de place souvent menées par des représentants de l'aristocratie provençale était l'une des plus suivies ; les attelages étaient mis au pas et au trot, exécutaient des voltes et un huit, sous le regard d'un public de connaisseurs. Leur succédaient des sauts d'obstacles military, des parcours de chasse pour gentlemen-riders. A la sortie des manifestations hippiques, les représentants du "Tout-Marseille" s'égayaient confusément sous l'oeil curieux des habitants des environs venus de Bonneveine, la Vieille-Chapelle ou de la Pointe-Rouge. Les constructions étaient encore dispersées en ces quartiers, juxtaposition disparate de villas, de châteaux, d'exploitations agricoles et de maisons ouvrières. On y trouvait même quelques établissements industriels : les savonneries de la Vieille-Chapelle, les verreries de Montredon, la fabrique de produits chimiques Mante & Cie. Le contraste semblait grand entre les ménagères s'affairant devant leur logis à la lessive dominicale, protégées de l'ardeur du soleil par de rustiques chapeaux de paille, et les dames du monde apprêtées s'en allant en calèches, mail-coachs et phaétons sur le chemin du bord de mer. Telle était Marseille. La bourgeoisie et le peuple se croisaient dans la cohue d'une grande métropole, mais ne se mélangeaient pas encore.

"Savon Le Rationnel",

affiche signée Pal, vers 1895.
Une Marseillaise à sa lessive, quartier de la Vieille-Chapelle

poster signed Pal, about 1895.
Local woman washing in La Vieille-Chapelle district

"Savon Le Naturel",

affiche anonyme, vers 1905.
Marseille vue du Cap Pinède

anonymous poster, about 1905.
A view of Marseilles
from Le Cap Pinède

Les affiches publicitaires révèlent un quotidien vécu, mais aussi des sites qu'on ne s'attendrait pas à voir ainsi exposés. Les publicités du Savon Le Naturel s'enracinaient volontairement dans le paysage marseillais. Certaines pouvaient présenter des lavandières de banlieue, de la Vieille-Chapelle ou du Cap Pinède. Les coiffures en désordre, les chemisiers aux couleurs voyantes, les tabliers portés sur les jupes rayées dénotaient une certaine pauvreté, mais pareilles femmes du peuple ne sauraient faire mentir le vieux dicton provençal "A bonne lavandière, pierres ne manquent pas à la rivière !" Elles étaient saisies dans leur naturel. Le Naturel était aussi la marque phare du savonnier Alfred Rostand, dont la société remontait au XVIIIe siècle. Sous le Second Empire, la savonnerie se transporta rue des Tyrans, au coeur de Marseille, alors que la plupart des usines s'établissaient dans les quartiers périphériques. Alfred Rostand et Fils n'entendaient produire que des savons hautement supérieurs ; aussi réussirent-ils à maintenir intacte par delà les décennies leur bonne et solide réputation. Une gamine à la démarche décidée, dessinée vers 1895 par le Roumain Pal, et le proverbe "*Chassez le naturel...*" pérennisèrent tout autant leur renommée. Et comme si cela ne suffisait pas, les slogans "*garanti pur*", "*c'est le plus riche en huile*" voulaient témoigner de la qualité de ce savon et expliciter son prix.

Depuis les années 1855, les industriels marseillais s'étaient lancés dans les savons unicolores à 72% de corps gras à base d'huiles d'arachide et de palme. Alfred Rostand s'en distinguait en fabriquant un savon d'une teneur encore plus élevée à 76%. Ce savon appelé Le Naturel convenait surtout au lavage du linge fin, de la flanelle et des étoffes délicates. La fillette impatiente de ramener sa provision de savons fut déclinée en différentes postures : au marché ou au lavoir, sur un âne ou une embarcation. Sur l'une des affiches, la petite barque "St.Alfred", un clin d'oeil au chef d'entreprise Rostand, se dirige à la rame vers le vallon de la Fausse-Monnaie. L'agglomération urbaine s'arrêtait encore au quartier des Catalans. Pour gagner les hameaux du Sud, on pouvait emprunter la voie maritime ou plus commodément le chemin littoral desservi par tramways. L'anse de la Fausse-Monnaie était franchie au moyen d'un viaduc de trois arches. En arrière se développait le pittoresque quartier d'Endoume, avec ses maisons étagées : un coin plaisant si fort à Auguste Rostand, le fils d'Alfred apparenté à l'auteur dramatique, qu'il élut domicile villa "Sorrente", au 170 de la Corniche, et tint à la faire figurer sur une affiche répandue dans la France entière.

"Savon Le Naturel",

affiche anonyme, vers 1905.
Aux abords du Pont de la Fausse-Monnaie

anonymous poster, about 1905.
Near the Fausse-Monnaie Bridge

S^té G^le des TUILERIES DE MARSEILLE
Countries where the products of the Société are employed
Bird's eye View of some Works at MARSEILLES St HENRY
35 STEAM FACTORIES TURNING OUT 250 MILLIONS PIECES YEARLY
ROOFING TILES · RIDGES · BRICKS · FLOOR TILES · GLAZED TILES · EARTHENWARE &c. &c.
GENERAL SUPPLY OF BUILDING MATERIALS
ILLUSTRATED CATALOGUE & PRICE LIST SENT ON APPLICATION
CHARTERING · TRANSIT · FORWARDING
MARSEILLES (FRANCE)
IMPRIMERIE MOULLOT . MARSEILLE

"Société Générale des Tuileries",

affiche anonyme, vers 1900.

Des briques et des tuiles mondialement demandées

anonymous poster, about 1900.

Bricks and tiles that are world famous

Le groupe des industries telluriques, bien développé à Marseille, comprenait des tuileries, des briqueteries, des fabriques de carreaux et de poteries, de chaux et de ciment. C'est au XVIIIe siècle que les premières manufactures de briques furent créées par des Italiens. Les argiles de la région marseillaise présentaient des qualités plastiques de premier ordre, et les oxydes de fer qu'elles contenaient donnaient une coloration favorable. Les armateurs prirent l'habitude de lester leurs vaisseaux de ces lourdes marchandises qu'ils revendaient lors des escales. L'excellence de la fabrication marseillaise facilitait leur placement sous toutes les latitudes. Avec le XIXe siècle, des améliorations techniques (la presse mécanique d'abord, le four à feu continu quelques années plus tard) permirent la conception d'un produit nouveau : la tuile à emboîtement, appelée communément "tuile plate de Marseille", qui pouvait être produite en grande quantité. De nouveaux marchés s'ouvrant, sous toutes les longitudes, plusieurs fabricants décidèrent de se regrouper afin d'améliorer la commercialisation de leurs produits. Ainsi naquit en 1894 la Société Générale des Tuileries de Marseille. Chaque associé continuait à fabriquer sous sa propre marque, mais le réseau des comptoirs de vente était celui de la société. L'illustration d'une affiche publicitaire éditée en français, anglais, espagnol, russe et diffusée par le canal des nombreux représentants à travers le monde, montre quelques-unes des fabriques installées dans la banlieue de Saint-Henri, non loin du petit port de l'Estaque. Les tuileries disposaient d'appontements où s'en venaient charger les voiliers qui pratiquaient le cabotage le long des côtes méditerranéennes et les chalands qui apportaient leur cargaison aux steamers stationnant dans les bassins de Marseille, en partance pour l'Afrique du Nord, l'Amérique du Sud, l'Australie.

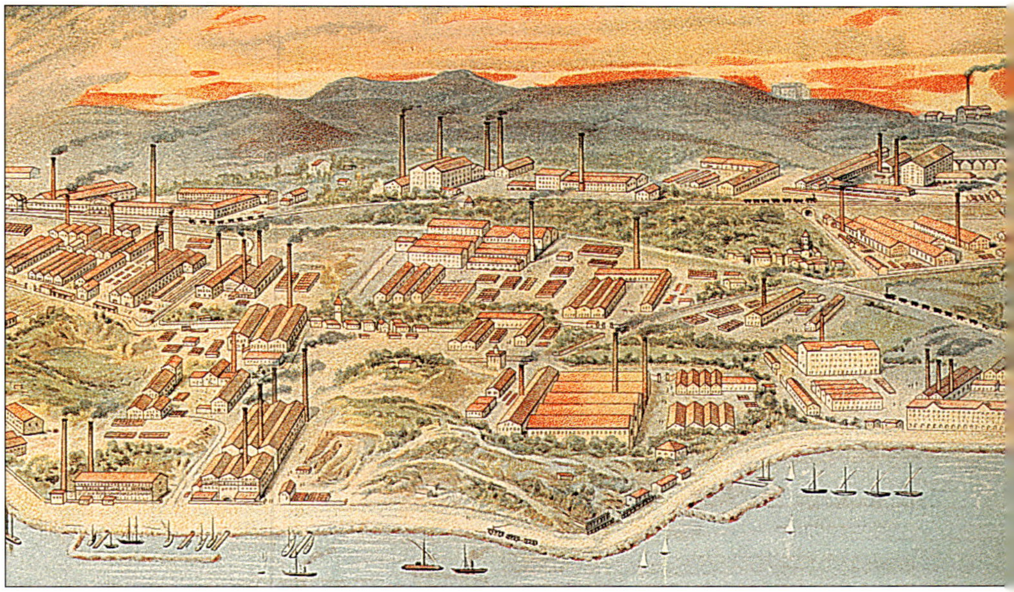

"Bière française Le Phénix",

affiche anonyme, vers 1900.
Un souci de grande qualité

anonymous poster, about 1900.
A high standard lager

Dans les années 1890, la fabrication des alcools avait pris un grand développement, les bières en particulier. Le secteur brassicole de Marseille comprenait cinq établissements, au premier rang desquels se situaient les Brasseries de la Méditerranée et la Société Le Phénix. Celle-ci, formée en 1886 avec des capitaux franco-suisses, avait su acquérir rapidement une renommée internationale. A la fin du XIXe siècle, sa production atteignait trente cinq mille hectolitres par an. L'usine située en banlieue, à La Valentine, tirait parti d'une source dont l'eau irréprochable servait à la composition des bières. La campagne environnante aidant, sans ses hautes cheminées et leurs panaches, on aurait pu la confondre avec une grande exploitation agricole. Sur une publicité de cette "*bière française*", "*pur malt et houblon*", une beauté à la chevelure ondoyante n'hésite pas à... s'afficher, buvant une canette de la marque déposée Le Phénix. Derrière elle, une vue des bâtiments attestait du sérieux de cette production. Une médaille d'or glanée à l'Exposition Universelle de Paris renforça plus encore cette garantie de qualité aux yeux des consommateurs.

Les Brasseries de la Méditerranée fondées en 1826 et appartenant à la famille Velten avaient été les premières à appliquer, dès 1871, les théories du savant Louis Pasteur. Des perfectionnements furent apportés à la confection de bières spéciales, ce qui permit d'accroître l'exportation aussi bien dans les colonies françaises, les pays de protectorat, qu'en Egypte, Palestine, Syrie, Grèce, au Maroc, à Zanzibar, à l'île Maurice et en Australie. Le chiffre annuel de ces expéditions s'élevait à près de quatre millions de bouteilles et à six mille hectolitres de bières en fûts. Une affichette destinée à être apposée à l'intérieur des bars et des cafés présentait un colonial jovial s'apprêtant à déguster un nouveau bock, devant le panorama du port de Marseille identifiable par ses éléments constitutifs : cathédrale de la Major, basilique Notre-Dame de la Garde, pont-à-transbordeur.

"Brasseries de la Méditerranée",

affichette anonyme, 1909.
Des bières exportées avec succès

anonymous poster, 1909.
Widely exported beers

CHEMINS DE FER DE PARIS-LYON-MÉDITERRANÉE
Paris
Place de la Concorde
Marseille
Le Mont-Blanc
Chemin de fer du Fayet à Chamonix
Dijon
Montpellier
Le Peyrou _ Le Château d'eau
Cannes
HUGO D'ALESI
BILLETS À PRIX RÉDUITS

"Paris-Lyon-Méditerranée",

affiche d'Eugène Bourgeois et de Frédéric Hugo d'Alési, vers 1895.
Le réseau du soleil

poster by Eugène Bourgeois and Frédéric Hugo d'Alési, about 1895.
The sun-bound network

L'ouverture des lignes de chemin de fer, jusqu'à Avignon en 1848, puis à Lyon et Paris en 1856, fut d'une importance névralgique pour Marseille. Tête de ligne de services maritimes réguliers avec les cinq continents, le premier port de France était désormais relié d'une façon rapide aux régions du Nord et de l'Est et plus loin encore, de l'Europe centrale et septentrionale. Les voyageurs et les marchandises trouvaient un moyen commode de gagner les navires qui les conduiraient de l'autre côté de la Méditerranée, en Afrique ou en Extrême-Orient. La Compagnie des chemins de fer du Paris-Lyon-Méditerranée (P.L.M.) jouissait d'un monopole d'exploitation pour toutes les lignes d'intérêt général qui desservaient Marseille. Sous le hall monumental de la gare Saint-Charles s'arrêtaient les trains venant de Calais, Paris, Bordeaux et d'Espagne, de Nice, Monaco et d'Italie. Aux abords immédiats, le P.L.M. avait élevé un hôtel Terminus avec buffet et buvette, géré par la Compagnie des Wagons-lits. Les trains de marchandises accédaient directement aux quais du bassin de la Joliette. Les voies de stationnement formèrent en 1896 la gare maritime de Marseille-Arenc, appelée à devenir l'un des principaux centres de marchandises du P.L.M. Les affiches portent témoignage du développement de cette compagnie ferroviaire. A la fin du XIXe siècle, chacune d'entre elles était tirée à cinq mille exemplaires dispersés entre les salles d'attente des gares ou promenés sur les côtés des voitures de messageries. Le concept de l'affiche de voyage avait été imaginé par le Roumain Frédéric Hugo d'Alési, qui avait vécu à Marseille avant de se lancer à Paris dans l' impression lithographique, concevant un procédé en "simili-aquarelle" dont il se réservait l'exclusivité. Ses grandes illustrations décrivaient les monuments et sites de manière conventionnelle, débarrassés des contingences humaines ou économiques. Il s'agissait simplement de charmer les passants, de leur donner l'envie de monter à bord de l'un des nombreux trains en partance pour le Sud. La variété des paysages à montrer était telle qu'on les accolait parfois sur une même affiche. Ainsi se côtoient des vues de Paris, de Dijon, du Mont-Blanc et de Marseille, de Montpellier et de Cannes. P.L.M.,"le réseau du soleil"... Le Vieux-Port sous le pinceau d' Eugène Bourgeois, lithographié par Hugo d'Alési, se détache comme s'il apparaissait dans une longue-vue : les murailles dorées du fort Saint-Jean, les fumerolles des remorqueurs, les voiles latines des tartanes. Marseille de la Belle Epoque, l'imagination vagabonde sur un médaillon qui ouvre l'espace et le temps.

FRAISSINET & Cie
ARMATEURS
MARSEILLE
PAQUEBOTS-POSTE
FRANÇAIS
CORSE, LANGUEDOC, PROVENCE
BULGARIE, GRÈCE, ITALIE, ROUMANIE, RUSSIE, SERBIE, TURQUIE.
CANARIES, CÔTE OCCIDle D'AFRIQUE, CONGO, DAHOMEY, GABON, SÉNÉGAL.
MOULLOT FILS AINÉ, MARSEILLE-PARIS

"Fraissinet & Cie, armateurs",

affiche de David Dellepiane, vers 1906.
Au départ du premier port de France et de Méditerranée

poster by David Dellepiane, about 1906.
Right from the leading French and Mediterranean harbour

Il n'était guère de régions littorales du monde qui ne puissent être desservies par les nombreuses compagnies ayant fait de Marseille une escale ou une tête de ligne de leurs navires. On ne dénombrait pas moins de cent-quatre-vingt-huit vapeurs attachés à ce port. L'une des flottes les plus en vue, celle de Fraissinet & Cie créée en 1836, exerçait l'essentiel de son activité sur les eaux de la Méditerranée et de la mer Noire, mais lançait également ses navires en direction de la Côte occidentale d'Afrique. Le nouveau président de son conseil de surveillance, Jules Charles-Roux, un grand savonnier, membre de la Chambre de Commerce, ancien député de Marseille, futur président de la Compagnie Générale Transatlantique et commissaire de l'Exposition coloniale, en appela au talent de David Dellepiane considéré comme le meilleur affichiste de Provence. L'artiste d'origine ligure s'était perfectionné à la technique publicitaire dans l'atelier parisien de Jules Chéret et depuis ses lithographies annonçaient la plupart des manifestations que Marseille accueillait. La touche de Dellepiane n'avait pas son équivalent. Pour Fraissinet & Cie, il réalisa une marine où il nuança à loisir la splendeur d'un coucher de soleil. L'un des trois paquebots construits à Newcastle entre 1905 et 1907 (le "Golo", le "Liamone" ou le "Corte") pour le service de l'Ile de Beauté passe devant le château d'If. Le bâtiment fend les eaux profondes de son étrave, à l'heure où Apollon semble se jeter dans les bras d'Amphitrite... Une barque de pêcheurs poursuivie par un vol de mouettes vindicatives évite l'énorme masse métallique en mouvement. Les nuages et la fumée se diaprent de couleurs vespérales ; des gemmes naissent dans la houle. Marseille lointaine se dore, lovée autour de sa colline tutélaire. Mille points lumineux composent une merveilleuse symphonie picturale. Dans un médaillon circulaire, un vieux berger corse, que l'habitude a rendu indifférent, rentre son troupeau à la nuit tombée, tandis qu'au large, en silhouette, un fidèle paquebot-poste apporte les nouvelles du continent, de nouvelles invitations au voyage.

"Exposition coloniale",

affiche de David Dellepiane, 1906.
Marseille, premier port colonial français

poster by David Dellepiane, 1906.
Marseille, first french colonial harbour

Afin de draîner des centaines de milliers de visiteurs sur le site de l'Exposition coloniale, les organisateurs utilisèrent divers moyens de propagande, pour reprendre l'expression de l'époque, et particulièrement des campagnes d'affichage. Les créations graphiques conçues pour annoncer l'évènement devaient susciter la curiosité, enflammer l'imagination, mais aussi véhiculer l'intérêt de la présence française de par le monde. A la période des conquêtes territoriales succédait celle de leur mise en valeur. Les métropolitains devaient apprécier les ressources économiques qu'offraient ces lointaines régions où flottait le drapeau tricolore. Quelle cité autre que Marseille, le premier port de France que d'aucuns considéraient comme une ville coloniale, pouvait revendiquer l'accueil de pareille exposition ? Pour l'affiche officielle, Jules Charles-Roux, nommé commissaire général par un décret du président de la République, fit appel directement à David Dellepiane. Dans le courant de 1905, l'artiste conçut une marine originale : il rassembla à bord d'un esquif à balancier douze représentants des possessions françaises. Tous semblent recueillis, silencieux : un rêve lointain devient réalité. Marseille s'étire devant eux dans les tons froids d'un jour nouveau, de la cathédrale de la Major jusqu'à la colline Notre-Dame de la Garde. Dellepiane, qui jamais ne franchit l'Equateur, n'avait qu'à descendre la Canebière, flâner autour du Vieux-Port, sur les quais de la Joliette ou encore aux abords de la gare Saint-Charles pour croiser ses modèles fraîchement débarqués des steamers. Sur la voile brunâtre de la frêle embarcation, il inscrivit l'intitulé "*Exposition coloniale Marseille 1906*" sans fioritures. Rien de trop dans cette affiche lithographiée par Moullot fils aîné qui, aux dires des contemporains, connut un franc succès.

D'autres affiches relayèrent la création de Dellepiane pour apporter quelques précisions sur le contenu même de l'exposition. Joseph de La Nézière, un gentilhomme berrichon qui parcourait le monde, et Joseph Pinchon, le créateur du personnage de Bécassine, conçurent ensemble dans un style simple et clair proche de l'illustration livresque un projet également retenu par les organisateurs. Même si son nom s'étale en toutes lettres en haut de la lithographie, la cité de Marseille est simplement suggérée, telle qu'elle se découvre aux passagers accoudés aux bastingages des paquebots. Plus encore que Dellepiane, de La Nézière et Pinchon attirent l'attention du passant des rues et des gares sur un Africain noir, un Nord-Africain, un Annamite et une Cambodgienne transposés en Provence. Au sol, un perroquet sautille autour des fruits que leurs campagnes produisent en abondance. Les quatre personnages entourent le panneau mentionnant les principaux centres d'intérêt du rassemblement colonial, du "*Grand palais de l'Exposition aux Grandes fêtes indigènes*". Durant tout l'été, la manifestation née de la seule volonté de Marseille connut un réel succès de fréquentation et de satisfaction. Elle contribuait à sa façon à populariser les colonies, rassemblant des hommes et des femmes de différentes cultures sous le soleil de Provence. Palais et pavillons, fêtes et animations, concerts et illuminations donnaient l'illusion de parcourir en une journée le vaste Empire d'outre-mer. Le 16 septembre, le Président de la République Armand Fallières la visita, accompagné de Georges Leygues, ministre des Colonies. Leur venue consacrait la pleine réussite de l'Exposition. Les portes se refermèrent définitivement le 15 novembre 1906. Vint le moment des bilans : 1 800 000 visiteurs avaient été décomptés sur le site ; les répercussions de la manifestation allaient être sensibles, non seulement dans le mouvement des affaires marseillaises, mais également dans le trafic de la métropole avec les colonies.

"Exposition coloniale",

affiche de Joseph de La Nézière et de Joseph Pinchon, 1906.
A la découverte des splendeurs de l'outre-mer

poster by Joseph de La Nézière and Joseph Pinchon, 1906
Let's discover the oversea wonders

·1912·
CALENDRIER MOULLOT
·1912·
MARSEILLE _ Entrée des Ports vue du Pharo
AGENCE DE TOULOUSE
CH. MOULLOT
4 Rue Neuve des Châlets
MOULLOT FILS AINÉ · MARSEILLE
HORS CONCOURS · MEMBRE DU JURY A L'EXPOSITION UNIVERSELLE DE PARIS 1900 & A L'EXPOSITION COLONIALE DE MARSEILLE 1906
GRANDS PRIX : EXPNS UNIVLES ST LOUIS 1904, LIÈGE 1905
IMPRIMERIE
CHROMOLITHOGRAPHIE
AFFICHES ILLUSTRÉES
CALENDRIERS · TABLEAUX · ÉTIQUETTES

"Calendrier Moullot"

illustré par David Dellepiane, 1912.

De nouvelles invitations au voyage

calendar illustrated by David Dellepiane, 1912.

The call of the unknown

A Marseille, comme dans d'autres cités méditerranéennes, l'on se promenait beaucoup le dimanche. Les jardins du Pharo étaient l'un des lieux les plus fréquentés pour la promenade. En famille, l'on venait y passer un couple d'heures, profitant tantôt de la chaleur printanière du soleil, tantôt de la fraîcheur de la brise du large. Les enfants retrouvaient des compagnons de jeux, les parents conversaient assis sur des bancs. Depuis les terrains offerts jadis à l'empereur Napoléon III, un panorama exceptionnel s'offrait, des confins de la chaîne de l'Estaque jusqu'au fort Saint-Jean. La vue s'étendait encore sur la vieille ville, le plan d'eau scintillant du Lacydon, ou se perdait dans l'infini bleuté. La rêverie était souvent interrompue par le mugissement des sirènes de noirs steamers, le bruit cadencé des hélices de blancs paquebots. David Dellepiane, comme bien d'autres artistes, avait en ces lieux matière à des aquarelles, pochades et croquis renouvelés. Il pouvait étudier à loisir les tonalités changeantes des heures et des saisons, affirmer son sens des couleurs qu'il disposait en touches pointillistes pour rendre les vibrations de l'atmosphère, la profondeur des eaux, le brillant des vêtements, le jeu des ombrelles. En fond de cet immense tableau changeant se devinaient les quais qui couraient sur quinze kilomètres de la Joliette au cap Pinède. Le trafic portuaire dépassait alors les neuf millions de tonnes, représentant à lui seul les mouvements enregistrés au Havre, à Bordeaux et Dunkerque. Une position géographique privilégiée sur la boucle maritime mondiale ouverte par les percements des canaux de Suez et de Panama confortait Marseille dans son rôle de premier port de France et de Méditerranée. Le développement de la cité était intimement lié à l'activité maritime. Un calendrier de l'imprimerie Moullot le rappela à sa façon en 1912. Fixé dans les bureaux des administrations et des fabriques, ou dans les boutiques des commerçants, il allait mesurer le temps. L'évocation d'une belle journée ensoleillée signée Dellepiane se voulait optimiste, mais on vivait désormais dans l'appréhension d'un conflit risquant de dégénérer à l'ensemble des grandes puissances. Pour les esprits lucides, la Belle Epoque touchait à sa fin; elle allait disparaître sous les obus et la mitraille d'août 1914, dans la sinistre bataille de Morhange où fut sacrifié le XVe Corps d'armée composé en majorité de Marseillais.

MARSEILLE S'AFFICHE...
ENTRE DEUX GUERRES.

"Emprunt de la Libération",

affiche de Jacques Carlu, 1918.
L'envol de la Marseillaise

poster by Jacques Carlu, 1918.
The Marseillaise taking off

"Actibus immensis urbs fulget massiliensis" : Marseille resplendit de ses faits glorieux. La devise est fort ancienne ; les Marseillais ne la firent pas mentir. En témoigne leur attitude courageuse face à l'adversité au fil des siècles, et plus particulièrement durant la Révolution. Les armées autrichiennes et prussiennes aux frontières, l'Assemblée législative avait demandé la levée de vingt-mille gardes nationaux dans les provinces. A l'issue d'un banquet donné rue Thubaneau en l'honneur des délégués de la Société montpelliéraine des Amis de la Constitution, l'un d'eux, François Mireur, interpréta le chant de guerre de l'armée du Rhin récemment composé. Les paroles exhortaient les "enfants de la Patrie" à former des bataillons : "Aux armes, citoyens !" L'appel fut entendu et l'air entraînant immédiatement adopté. Partis de Marseille le 2 juillet 1792, cinq-cent-seize volontaires armés gagnèrent Paris à pied avec deux encombrants canons. Vingt-sept jours de marche durant lesquels ils firent entendre leur chant : l'envol de La Marseillaise, pour reprendre les mots d'Edmond Rostand. A leur arrivée, le peuple parisien conquis entonna à son tour l'air martial et le baptisa du nom de la cité de ceux qui l'avaient fait connaître. Les volontaires provençaux devaient se mettre en avant lors de la prise des Tuileries, le 10 août 1792. Pour eux, "le jour de gloire" était arrivé : dix-neuf furent tués, leur commandant blessé. L'attaque de la résidence royale symbolisa le peuple des régions de France soulevé aux côtés des Parisiens dans le combat contre la tyrannie. Le 20 octobre suivant, les volontaires marseillais étaient de retour en leur ville natale. Auréolé de la gloire des combats du 10 août, leur bataillon était attendu avec impatience. Les cloches sonnaient à toute volée, les canons des forts tiraient par intervalles, des cris d'allégresse, des vivats répétés, des applaudissements prolongés et un chant sorti de mille gorges : La Marseillaise. Le temps et les régimes politiques passèrent ; la musique et les paroles que ces hommes avaient popularisées sont restées : chant de liberté, de résistance consacré en février 1879 hymne d'une nation.

La Première Guerre mondiale venue, par voie d'affichage les banques proposèrent publiquement des emprunts d'Etat. Pour faciliter leur souscription, elles sensibilisèrent les populations à la nécessité d'en finir avec un conflit languissant ; une fois encore, La Marseillaise, *"l'appel de Rouget de l'Isle"*, fut entonné et entendu. D'autres illustrateurs d'emprunts choisirent de montrer des actes de patriotisme et de générosité. Durant le premier semestre de 1918, une poissonnière et son mari, chasseur alpin revenu le temps d'une permission, s'en vont verser la bourse emplie de leurs économies afin d'aider un tant soit peu l'effort qu'exigent les derniers mois de guerre. Le regard de cette Marseillaise se détourne vers le *pitchoun* qui les accompagne et qu'elle ne veut pas voir orphelin demain. "*Marsihès fai toun devé ! On les tient !*" Représentante de l'une des plus anciennes corporations de la cité, elle conserve le costume ancestral : la coiffe à canons déployés en éventail, les attaches laissées flottantes, le fichu d'indienne croisé sur la poitrine, la croix d'or brillant autour du cou. Derrière la famille en marche s'alignent les barques de pêche aux voiles latines ; dans le lointain, Notre-Dame de la Garde protectrice se devine.

"4e Emprunt national",

affiche de B. Chavannaz, 1918.

Des actes de patriotisme

poster by B. Chavannaz, 1918.

Be a patriot

"6e Emprunt national",

affiche d'Horace Richebé, 1920.

Une générosité au service des grandes causes

poster by Horace Richebé, 1920.

Be generous for a great cause

1920. Pour le 6e emprunt national émis par la banque François Casati & Cie, une revendeuse de poissons passe, sa corbeille sous le bras, sa balance romaine sur la hanche. La coiffe de mousseline fraîchement canonnée, les brides tombantes, les boucles d'oreille pendeloques, la croix d'or tenue par une courte chaînette encadrent coquettement son visage de Méridionale. Elle a renoncé au fichu ; pourtant le chemisier d'indienne, le jupon de couleur protégé par un tablier chamarré témoignent de sa fidélité aux goûts d'antan. Elle s'en va sur le quai de Rive-Neuve ; de l'autre côté du Vieux -Port se distinguent le clocher des Accoules, le pavillon de la Mairie, les arcades de l'Hôtel-Dieu. "*Travaillons !*" A l'image de la poissonnière qui livre quelque restaurateur, d'autres s'activent déchargeant sacs et futailles des voiliers : une Marseille vivante, chaleureuse, toujours prête à ouvrir son coeur et les cordons de son escarcelle aux grandes causes.

Ailleurs, l'on trouverait d'autres portefaix aux Docks de la Joliette, près des grues-pontons, sur les musoirs des bassins ou sous les hangars de la Chambre de Commerce. Les bruits variés du port faisaient oublier les rumeurs de la ville : les sirènes à vapeur, les treuils qui grincent et les grues qui s'acharnent couvrent les cris gutturaux des hommes en lutte avec des ballots pesants. Les marchandises s'entassent au sortir des cales en des montagnes de sacs, piles de caisses ou alignements de tonneaux. La paix retrouvée, Marseille qui était avant 1914 le premier port de France se devait de reprendre une situation perdue au profit de Rouen bénéficiaire durant les hostilités d'apports exceptionnels de charbons anglais. L'année 1920 ne vit pourtant que 14 459 navires figurer dans les statistiques des trafics marseillais, contre 17 278 en 1913. Bien des efforts restaient encore à accomplir pour que s'ouvre véritablement une époque nouvelle.

"Emprunt national 6 %",

affiche anonyme, 1920.
A l'aube d'une époque nouvelle

anonymous poster, 1920.
At the dawn of a new era

"Emprunt français 6 %",

affiche signée Alo, 1920.

Un magnifique ensemble portuaire

poster signed Alo, 1920.

Fantastic harbour facilities

Dans la lutte économique mondiale, la France qui pansait ses plaies avait besoin de retrouver toutes ses facultés. Un nouvel emprunt que l'on voulait perpétuel avait été ouvert. Allait-il réussir comme ses devanciers du temps de guerre ? Pour faciliter la souscription, les banques lancèrent des campagnes d'affichage afin de sensibiliser, une fois encore, le grand public. La Société Marseillaise de Crédit fit appel aux talents du Parisien Auguste Leroux et du Lillois Alo, la Banque Bonnasse s'étant déjà attachée ceux de David Dellepiane. Alo, dans ce qui est l'une de ses premières créations imprimées, donne une vision idyllique de Marseille depuis les hauteurs de l'Estaque. Entourées des fruits de l'agriculture, Marseille industrielle, Marseille commerciale se dévoilent : au premier plan, des usines; au centre, les eaux bleues de la rade striées par les digues de protection; dans le lointain , la ville en majesté. L' *"Emprunt français"* à 6% devait marquer le retour à la prospérité, "forger une France puissante"... Avec ou sans son aide, le port moderne de Marseille, bien qu'il fut le mieux aménagé de France, allait encore devoir s'agrandir.

Les évènements de la guerre avaient entraîné une chute des trafics qui s'abaissèrent à 4 900 000 tonnes en 1921 ; certains avaient disparu, comme les envois des blés de la mer Noire emportés par la Révolution russe. Le pétrole pouvait les remplacer ; mais il fallait s'équiper en postes à quai et accueillir les installations de raffinage des hydrocarbures. En raison des collines qui enserraient Marseille, il fallait trouver ailleurs de nouveaux lieux d'extension, des plans d'eau disponibles. Dès 1916, la Chambre de Commerce de Marseille avait demandé l'ouverture de l'étang de Berre à la navigation maritime et la création de zones de débarquement et de transformation à Port-de-Bouc, Caronte, Martigues. Satisfaction lui fut donnée par la loi du 24 octobre 1919 prévoyant un vaste programme d'aménagement dans ce qu'il était désormais convenu d'appeler les Annexes du port de Marseille. Aux usines existantes (Chantiers et ateliers de Provence, Saint-Gobain, Kuhlmann...) vinrent s'ajouter les Etablissements Verminck en 1922 et la première raffinerie, la Société générale des Huiles de pétrole, en 1924. Le percement du tunnel maritime du Rove, par lequel passerait le canal de Marseille au Rhône aboutissant à Arles, allait constituer une autre étape. Du Vieux-Port dominé par la silhouette métallique du Pont-à-transbordeur aux confins sauvages du golfe de Fos, la volonté de plusieurs générations d'hommes s'était accordée pour renforcer plus encore les capacités d'un magnifique ensemble portuaire adapté aux besoins de leur époque.

"Emprunt national",

affiche monogrammée J.L., 1920.

Parti de la calanque originelle du Lacydon

monogrammed poster J.L., 1920.

A view of the original site of the Lacydon

VILLE DE MARSEILLE
CAMPAGNE DE DÉRATISATION OBLIGATOIRE
LES RATS PROPAGENT
la trichinose · le typhus murin · la peste · la spirochetose etc.
nicolitch
DETRUISEZ LES RATS
RAPPELEZ - VOUS !
Marseille ravagée par la peste en 1720
Marseille menacée par la peste en 1919-1920

"Campagne de dératisation",

affiche d'Obrad Nicolitch, 1921.

Le souvenir de la grande peste de 1720

poster by Obrad Nicolitch, 1921.

Memories of the great plague in 1720

Le 6 juin 1920, un cas d'affection à caractère pestilentiel était signalé à Marseille, dans l'un des taudis de l'enclos de la Villette. Un an plus tôt, vingt-et-un travailleurs immigrés avaient été contaminés à l'enclos Fauchier... Les Marseillais se souvinrent de la grande épidémie qui, deux siècles auparavant, en 1720, emporta dans les fièvres et les convulsions la moitié des habitants de la cité et se répandit en Provence. Il fallait agir, d'autant que le mode de propagation de la maladie était désormais connu : de rat à rat, et de rat à l'homme, par l'intermédiaire des piqûres de puces. Les mesures de préservation sanitaire que comportaient les relations suivies d'un port avec des régions où la peste sévissait à l'état endémique avaient été prises en défaut. Le ministère de l'Intérieur envoya en mission un conseiller qui conclut à la mise en place de diverses mesures de prophylaxie en les étendant à l'ensemble de Marseille, et non plus aux navires, quais, hangars et entrepôts, comme cela se pratiquait depuis septembre 1906. La convention sanitaire internationale du 17 janvier 1912 fut ratifiée par la France le 14 septembre 1920. Un service complet de dératisation fut organisé à la demande du préfet des Bouches-du-Rhône. La Chambre de Commerce apporta son concours financier. C'était elle qui, chaque année, le jour de la fête du Sacré-Coeur, maintenait l'offrande rituelle d'un cierge de cire blanche, renouvelant le voeu des Echevins à la cessation de la peste en 1722. La prospérité et la réputation de Marseille étaient une nouvelle fois en question. Des équipes de dératiseurs municipaux allaient opérer en ville et dans les banlieues, dispersant nasses Marty, Ratinol, blé rouge, virus Pasteur et gaz anhydride sulfureux. La guerre était déclarée aux rats ; pour l'annoncer, une affiche fut apposée sur les murs. L'on s'était trop habitué, par ignorance ou apathie, à considérer les rats comme des animaux ordinaires sinon familiers, répugnants certes, mais difficiles à tuer. Derrière l'image de ces bêtes noires et brunes se devinaient des spectres sinistres et effrayants ; la mort rôdait. Les liens entre les porteurs de puces animales et certaines maladies comme la trichinose, le typhus murin, la peste, la spirochétose ictéro hémorragique étaient affirmés ; les alertes pesteuses de 1919-1920 étaient rappelées. Un mot d'ordre était lancé : "*Détruisez les rats*". Il fut entendu. Grâce au traitement par le sérum, à la prévention par le vaccin, à l'intensification de la dératisation, à une plus grande hygiène, le fléau qui avait désolé Marseille dans les siècles passés était bien éradiqué.

EXPOSITION NATIONALE COLONIALE
MARSEILLE 1922
AVRIL NOVEMBRE
IMP. MOULLOT. MARSEILLE

"Exposition nationale coloniale",

affiche de David Dellepiane, 1922.

La première grande manifestation de l'Après-guerre

poster by David Dellepiane, 1922.

Post-war first great event

La Grande Guerre avait interrompu les préparatifs d'une seconde Exposition coloniale projetée au mois d'avril 1916. Compte tenu des opérations militaires et du sang versé journellement, il ne pouvait être question de réjouissances au rond-point du Prado. Jules Charles-Roux, son inspirateur, décédé le 24 janvier 1918, l'idée n'en était pas pour autant abandonnée ; et le 13 novembre suivant, au surlendemain de l'Armistice, devant la concurrence de Paris se portant candidate à l'organisation d'une Exposition coloniale universelle, la Chambre de Commerce, les milieux d'affaires et l'Institut colonial de Marseille unirent leur détermination. Dans un contexte mondial transformé, au terme d'une victoire acquise grâce au concours en hommes et en marchandises des territoires placés sous l'autorité de la France, l'on parvint à un modus vivendi après de difficiles tractations : Marseille aurait en 1922 son Exposition nationale coloniale, Paris son Exposition coloniale interalliée en 1925. Adrien Artaud, président de la Chambre de Commerce de Marseille, reprit le flambeau laissé par Jules Charles-Roux. Il entendait lui aussi exposer ces "réservoirs inépuisables de matières premières, de débouchés qu'il ne dépend que de nous de rendre illimités", mais plus encore donner la preuve du relèvement de la "Plus grande France". Le commissariat général resta fidèle aux artisans du succès de 1906. Les architectes Muller et Bentz allaient proportionner à l'ampleur accrue de la seconde édition leur plan réussi seize années plus tôt. Sur trente-six hectares, ils purent répartir à leur aise les palais métropolitains et les sections coloniales. On confirma à David Dellepiane la commande de l'affiche générique. Son style avait évolué ; il créa alors la composition verticale d'un groupe féminin dans les plis gonflés d'un drapeau. Dellepiane traita son sujet comme une sculpture monumentale, inspiré peut-être par son ami Louis Botinelly chez qui il exécuta le projet définitif. Avec lui, les colonies visitent Marseille. Sur l'une des hauteurs de la chaîne de l'Estaque, dominant les pins et la mer se détachent trois femmes originaires de l'Afrique et de l'Asie. Trait d'union entre ces continents et l'Europe occidentale, un paquebot traverse les eaux bleues de la rade. L'affiche fut tirée à soixante mille exemplaires : trente cinq mille apposés dans les mairies et les écoles, plus de vingt mille dans les gares, les hôtels, les agences de voyage, les syndicats d'initiative, les autres s'expédiant aux colonies et à l'étranger. Cédant aux sollicitations de particuliers désireux de conserver par devers eux un témoignage des éphémères splendeurs de l'Exposition , on procéda en septembre 1922 à un second tirage de ces affiches, que bientôt se disputèrent les collectionneurs comme le prophétisa un journaliste du *Petit Marseillais*. Un foulard fut également imprimé avec le même motif, carré de soie dont se parèrent les élégantes. Regards d'Occidentaux portés sur des femmes d'ailleurs... Souvenirs d'un empire factice élevé sur l'une des rives de la Méditerranée.

PARIS-LYON-MÉDITERRANÉE
ROGER BRODERS
MARSEILLE
EXPOSITION NATIONALE COLONIALE. AVRIL-NOVEMBRE 1922

"Exposition nationale coloniale",

affiche de Roger Broders, 1922.

L'imaginaire palais du commerce universel

poster by Roger Broders, 1922.

Imaginary palace of the universal trade

L'Exposition coloniale de 1922 avait été la première manifestation d'importance nationale suivant la Grande Guerre. Les colonies et les pays de protectorat désiraient montrer leur vitalité ; gagnant son pari de les réunir, Marseille qui agissait et construisait en sortit grandie. Lorsque les portes se refermèrent, plus de trois millions de visiteurs les avaient franchies. Plusieurs affiches avaient fait connaître internationalement la tenue de l'Exposition. L'une d'elles à la demande de la Compagnie de chemin de fer Paris-Lyon-Méditerranée avait été confiée à Roger Broders. Dans le goût des publicités de voyage qui lui étaient familières, l'artiste parisien évoqua Marseille véritable porte de la France pour tous ceux, marins, administrateurs, militaires, journalistes, aventuriers ou poètes qui y virent le début ou le terme d'une longue traversée. Tant pour les marchandises que pour les passagers, le port de Marseille était de loin le premier port colonial français. En 1923, le P.L.M. tint à conserver cette création particulièrement réussie afin d'annoncer ses services en direction du Sud. Un nouveau message remplaça celui de l'Exposition coloniale devenu obsolète. Alors s'afficha "la grande métropole industrielle et commerciale" que Marseille était devenue grâce à des dynasties de négociants et d'armateurs, de transitaires et d'assureurs... Avec une mise en page hardie, des aplats jaune, noir et violet, Roger Broders avait campé le décor portuaire d'un imaginaire palais du commerce universel selon l'admirable formule d'Albert Londres. D'impressionnants paquebots et cargos s'alignent le long des quais. Non loin de ces vapeurs, d'utiles voiliers de cabotage achèvent d'être déchargés dans le jour tombant. Au-dessus des mâts et des cheminées se profile la basilique Notre-Dame de la Garde, protectrice de la cité portuaire, silhouette internationalement connue.

"Porte de l'Afrique du Nord",

affiche de Roger Broders, 1929.
Marseille tournée vers la Méditerranée

poster by Roger Broders, 1929.
Marseilles devoted to the Mediterranean sea

P.L.M., trois lettres entrelacées, un sigle devenu mythique. La Compagnie du Paris-Lyon-Méditerranée avait fait de Marseille un des pivots de son réseau ferroviaire : une clef du domaine colonial, une étape en direction de la Riviera touristique. Des trains rapides et express offrant plusieurs catégories de places assises ou couchées convergeaient des principaux centres de la France et de l'Europe vers le grand port méditerranéen. Ils étaient complétés par d'importants convois de marchandises. Marseille était devenue le lieu d'embarquement privilégié des produits industriels en route pour l'Afrique, l'Orient et le passage normal des expéditions de ces lointaines contrées destinées à la vallée du Rhône, à Paris et à la Suisse. Roger Broders, l'affichiste attitré du P.L.M., savait remettre en question son graphisme pour être en prise directe avec la sensibilité de son temps. En témoignent ses visions successives de Marseille. Pour l'Exposition coloniale de 1922, il avait montré de façon classique un paquebot prêt à lever l'ancre ; non loin de lui, à proximité de voiliers caboteurs, des portefaix s'affairaient dans le ballet cadencé des grues. Sous l'influence de l'Art Déco, l'affichiste évolua vers le géométrisme. Dans sa création sous-titrée "*Porte de l'Afrique du Nord*", Roger Broders tira parti des cheminées, des manches à air et des proues des steamers pour composer une allégorie dynamique, qu'il replaça dans un cadre urbain avec les formes élancées de Notre-Dame de la Garde et du Pont-à-Transbordeur. Pour Marseille "*Point de départ de la Côte d'Azur*", il fit totalement abstraction de la ville et n'offrit aux regards que les moyens de transport sous-tendus par de hardies diagonales. La ligne bleue de l'horizon s'oppose à la voûte noire du tunnel. Les locomotives du P.L.M. abolissaient les distances : Marseille n'était plus qu'à douze heures de Paris. Arrivé à Saint-Charles, le voyageur avait le choix entre la voie ferrée et la route ; s'il lui plaisait d'abandonner le train pour l'automobile, il trouvait à la gare les autocars décapotables P.L.M. qui reliaient Marseille à Nice par la côte : une excursion d'une journée à travers les paysages enchanteurs des Maures, puis de l' Estérel. Ainsi avec ces deux affiches, le rêve, l'évasion étaient permis dans la moindre salle des pas-perdus.

"Point de départ de la Côte d'Azur", affiche de Roger Broders, vers 1929.
Carrefour des itinéraires touristiques

poster by Roger Broders, about 1929.
At the crossroads of touristic ways

"Transports Maritimes à Vapeur",

affiche d'Albert Sebille, 1921.
En partance pour l'Amérique du Sud

poster by Albert Sebille, 1921.
Bound for South America

Visitant le port pour son savoureux petit livre *Marseille, porte du Sud,* le journaliste Albert Londres avait trouvé "Tous les vieux noms connus des hauts barons de la mer affichés là, aux frontons de ces môles, comme une courtoise invitation au voyage. La Paquet, la Transat, la Cyprien Fabre, les Chargeurs Réunis, les Transports, les Messageries Maritimes à tête de licorne. La Peninsular. La Nippon Yusen Kaïsha. Où voulez-vous aller ? Au Maroc, en Algérie, en Tunisie ? Au Sénégal, en Egypte ? Au Congo, à Madagascar ? En Syrie, à Constantinople ? Au Tonkin ? Aux Indes ? En Australie ? En Chine ? En Amérique du Sud ? Faites votre choix. Ici, on embarque pour toutes les mers, pour la Rouge et la Noire, pour tous les détroits, tous les canaux, tous les golfes". Depuis la fin des hostilités, les compagnies reconstituaient leur flotte durement éprouvée par les attaques sous-marines. La Société Générale de Transports Maritimes à Vapeur, le plus important armement de Marseille (les Messageries Maritimes n'y ayant qu'une direction et non leur siège social), avait commandé à divers chantiers deux grands paquebots à turbines : "Alsina" et "Mendoza", deux paquebots mixtes à moteurs électriques : "Guaruja" et "Ipanema", et deux vapeurs de charge : "Mont-Agel" et "Mont-Viso", qu' elle lança en direction de l'Algérie, de Dakar, du Brésil, de l'Uruguay et de l'Argentine. Une autre ligne desservait plusieurs ports de l'Amérique centrale et du Pacifique nord. Le Marseillais Albert Sebille, peintre officiel de la Marine, se plut à rendre le paquebot "Alsina" avec ses deux cheminées minces et serrées dans le décor de son adolescence. En familier de la rade, il traduisit avec délicatesse les variations d'un soleil couchant sur la basilique mariale, la Tourette et le phare Sainte-Marie.

Le mouvement maritime reprit progressivement son importance d'antan. La crise mondiale des années Trente ne devait pratiquement pas l'affecter, les baisses enregistrées à Marseille étant compensées par des augmentations dans les Annexes de l'étang de Berre. En 1933, le trafic plafonnait à 6 275 000 tonnes, sans compter les provisions de bord embarquées. La concurrence que se livraient les armements européens devenait toujours plus âpre. A la demande du Service Maritime Roumain, Dimitrie Stiubei conçut une affiche annonçant la nouvelle ligne que cette compagnie nationale venait d'ouvrir. Sur le pont d'un petit voilier de plaisance, une jeune femme au teint hâlé agite un mouchoir rouge. A quelques encablures passe le paquebot "Alba Julia". L'imposante masse métallique domine les fines embarcations de bois qui régatent en rade de Marseille. Les pavillons claquent au vent ; les vagues se crêtent d'écumes. L'image est quelque peu trompeuse. De cette marine qui prend pour fond le château d'If et Notre-Dame de la Garde, une certaine tristesse se dégage. La conjoncture économique est des plus défavorables. L'affiche de Stiubei avise le public des nouveaux services offerts par le S.M.R., qui développe une ligne abandonnée il y a peu par la Compagnie Fraissinet faute de subventions du gouvernement français. Pour répondre aux besoins des échanges extérieurs de la Roumanie, la desserte fut prolongée jusqu'à Alger ; ainsi le S.M.R. couvrait l'ensemble de la Méditerranée. Son ouverture en juin 1933 fut cependant occultée par l'inauguration officielle de la première liaison en 37 heures Paris-Alger via Marseille grâce aux efforts conjugués du P.L.M. et de la Compagnie Générale Transatlantique. Dans le vent frais, le geste de la jeune femme en blanc de Stiubei prenait l'allure d'un appel. En des temps qui s'annonçaient troublés, malgré une apparente aisance, son désir n'était-il pas de partir pour trouver ailleurs une sécurité certaine ?

"Service Maritime Roumain",

affiche de Dimitrie Stiubei, 1933.

De nouveaux services en Méditerranée

poster by Dimitrie Stiubei, 1933.

New services across the Mediterranean sea

MARSEILLE
Ségha
Syndicat d'initiative
Office du tourisme

"Syndicat d'Initiative Office du Tourisme",

affiche de J. Béghia, vers 1930.

Une croix d'azur sur fond d'argent

poster by J. Béghia, about 1930.

An azure cross on a silver background

La diminution du nombre des passagers transportés par les navires français aurait été plus grande encore, si les compagnies de navigation marseillaises n'avaient intensifié l'organisation de croisières. Pour attirer les touristes, elles faisaient de sérieux efforts de publicité, soutenues par quelques organismes locaux. Créé aux lendemains de la Première Guerre sous l'égide du ministère des Travaux publics, l'Office du Tourisme avait fusionné en 1929 avec le Syndicat d'Initiative, son aîné de vingt ans. Une affiche signée Béghia mit en valeur Marseille baignant dans une lumière toute méditerranéenne. Sur le bleu du ciel se détache la tour fanal du fort Saint-Jean édifiée en 1644, que l'écrivain André Suarès dans *Marsiho* se plut à comparer à "deux ou trois cylindres entubés l'un dans l'autre, une lunette marine fichée dans la verticale". La sentinelle immobile de pierre contraste avec le vol des mouettes et le déploiement d'un immense pavillon... La croix d'azur sur fond d'argent, qui depuis huit siècles symbolise Marseille. Les origines du blason blanc et bleu, d'une grande simplicité, remonte à l'époque des Croisades. A l'instar des cités maritimes italiennes, Marseille mit ses forces au service de ceux qui désiraient gagner les rivages du Proche-Orient, et se croisa à sa façon en adoptant une croix bleue, marque d'adhésion au mouvement d'idées qui traversait l'Europe occidentale, signe de ralliement sur les voiliers et les édifices. Cette bannière médiévale, l'éclatante cité méditerranéenne ne l'abandonna pratiquement plus, de même que sa fière devise : "Actibus immensis urbs fulget Massiliensis" (Marseille resplendit de ses faits glorieux). Deuxième ville de France par sa population, elle venait également au second rang dans la vie économique du pays. Port d'escale et métropole coloniale, Marseille était souvent le lieu des premiers contacts avec l'hexagone ; il était indispensable qu'ils soient agréables et chaleureux. Cela avait été bien compris et la Chambre de Commerce prit d'opportunes initiatives. En 1935, elle présida à la création d'un nouvel Office du Tourisme, auquel elle procura un spacieux rez-de-chaussée sur la Canebière. Elle le soutint financièrement, et n'eut pas à le regretter grâce au tourisme devenu désormais une véritable industrie. L'ensemble des professions profitait d'un surcroît d'activité, et en premier lieu les transports, qu'ils soient terrestres, ferroviaires ou maritimes, l'hôtellerie et la restauration. L' Office du Tourisme réorganisé était en mesure de répondre pleinement à ce que l'on pouvait attendre de lui. Avec la mise en place de visites, les renseignements prodigués, les publications offertes, rien n'était négligé pour procurer aux voyageurs de passage les facilités qu'ils pouvaient désirer et les inciter à revenir à Marseille.

LE PETIT MARSEILLAIS
64e ANNÉE
LE PETIT MARSEILLAIS
14 EDITIONS PAR JOUR
VENDREDI
8
MAI 1931
M.PONTY.
VOTRE DRAPEAU
Création S.G.P.E. HACHARD et Cie 1931

"Le Petit Marseillais",

affiche de Max Ponty, 1931.

La presse au service du tourisme

poster by Max Ponty, 1931.

The press backing the tourist trade

La presse locale aidait elle aussi au développement du tourisme. Les journaux marseillais du XXe siècle étaient parsemés d'articles sur des quartiers, des villages, leur histoire et leurs sites, où perçaient ça et là des notes poétiques. Des pages spécialisées apparurent avec le progrès de l'automobile. Au fur et à mesure que de nouveaux véhicules devenaient accessibles aux bourses moyennes, le problème de la promenade dominicale se posa avec acuité. La lecture des journaux apportait souvent des réponses, des idées de ballades. Il est vrai que dans les années Trente, on ne comptait pas moins de six quotidiens marseillais : *Le Petit Provençal, Le Petit Marseillais, Le Radical, Le Sémaphore, Marseille-Matin, Le Soleil du Midi. Le Petit Marseillais* se présentait comme "le plus important des journaux de province avec quatorze éditions". Son tirage journalier avoisinait les 350 000 exemplaires. A ses débuts, en 1868, il avait montré son souci de donner des informations rapides, et depuis il suivait toutes les questions intéressant la politique intérieure et extérieure, les affaires locales et régionales. Il fut le premier à obtenir en 1880 un fil télégraphique spécial, qui lui permettait d'être renseigné heure par heure depuis la capitale. En 1906, l'année de l'Exposition coloniale, il inaugura ses six pages quotidiennes, passant bientôt à huit, dix, douze et même exceptionnellement à seize pages. Dans l'Entre-deux guerres, *Le Petit Marseillais* rayonnait sur huit départements du Sud-Est, la Corse, l'Algérie, la Tunisie et le Maroc. Son concurrent direct, *Le Petit Provençal,* entendait se placer "au premier rang des grand régionaux". Par affichistes interposés, les deux quotidiens marseillais s'affrontèrent. Une Marianne signée Henry Le Monnier claironna à travers un journal roulé en porte-voix les mérites du *Petit Provençal* paraissant sur huit, dix, douze et seize pages. *Le Petit Marseillais* répliqua avec Max Ponty par une composition emplie de mouvement. Au gré d'un vent que l'on aimerait être le mistral, un numéro s'est retrouvé plaqué contre un poteau télégraphique. Reproduction de la première page du 8 mai 1931, on y devine en photographies le président Doumergue visitant avec le maréchal Lyautey l'Exposition coloniale de Paris, les portraits du ministre des Affaires étrangères de Yougoslavie qui devait présider la session des Nations, du cardinal Pompili, vicaire du Pape, qui venait de disparaître.Sur trois colonnes s'étalait la "sensationnelle révélation d'un double crime" perpétré dans une résidence des environs d'Aix-en-Provence. L'assassin Georges Sarret et les soeurs Schmid, ses complices,"firent dissoudre les cadavres de leurs victimes dans un bain d'acide sulfurique". Le procès du trio infernal allait faire grand bruit. A l'intérieur du *Petit Marseillais*, après le récit de la journée parlementaire, les nouvelles locales, la vie sportive et le feuilleton *La Sarrazine,* la page cinq était entièrement consacrée à "Nos stations thermales, climatiques, touristiques". Un article intitulé "Où irons-nous dimanche ?" proposait une excursion sur la Côte bleue à destination de Laurins, un petit site méconnu au bord de la mer, à l'ouest de Saint-Pierre-les-Martigues. Le journaliste précisait aimablement : "Nous ne ferons pas des centaines de kilomètres, mais nous les ferons en fouinant, en nous arrêtant un peu partout. Nous quitterons parfois les routes pour prendre des chemins sans penser à la moyenne. Nous verrons de jolis coins que nous découvrirons avec plaisir et étonnement au milieu de choses que nous avons vus vingt fois". Ces billets d'impressions ou d'informations pratiques incitaient les lecteurs à rencontrer leur environnement. Cette Provence, on s'en venait de très loin pour admirer ses beautés monumentales et naturelles. Il eût été dommage que les Provençaux en ignorent les charmes et les senteurs.

Couronnement
de N.D. de la Garde
MARSEILLE
18-19-20-21 Juin
Imp. Saint-Lazare, 44, Cours Gouffé - Marseille
RENSEIGNEMENTS : Direction des Œuvres, 35, Rue du Baignoir -:- MARSEILLE

"Couronnement de N.D. de la Garde", affiche non signée de l'abbé Merme, 1931.

Un hommage exceptionnel à la Bonne Mère

unsigned poster by Father Merme, 1931.

Special homage to the Blessed Virgin

Notre-Dame de la Garde n'était pas seulement un élément majeur de la parure architecturale de Marseille. Fondamentalement, elle restait son principal sanctuaire votif, visitée et vénérée par les catholiques du monde entier. Le pape Léon XIII lui avait conférée en 1879 le titre aussi rare que prestigieux de basilique mineure ; en 1885, il accorda à l'effigie de Notre-Dame le suprême honneur du couronnement. Le déchaînement des passions anti-cléricales devait différer cet évènement jusqu'en 1931. L'évêque de Marseille d'alors, Monseigneur Dubourg, souhaitait que la vénérable statue d'argent conservée dans la crypte reçoive enfin les couronnes précieuses qui l'honoreraient mieux encore. Il désirait que la manifestation mariale rassemble les catholiques de la Provence, mais aussi tous ceux qui ayant oublié leurs pratiques ou ne partageant pas les croyances religieuses restaient fidèles à certaines traditions, comme à certains souvenirs. Mais depuis la séparation de l'Eglise et de l'Etat votée en 1905, la vie religieuse suscitait les passions les plus grandes. La municipalité rappela la loi prescrivant les processions publiques. L' interdiction de défiler fut ressentie comme un véritable outrage à la protectrice de la cité ; elle allait être contournée par une lacune de la législation, avec la mise en place d'un cortège nautique. Le Saint-Siège tint à ce qu'un légat du pape vint couronner officiellement la statue. Sur les mers, la Vierge restait la patronne des marins et l'espoir des navires en détresse. Sa basilique était le lieu de pélerinage par excellence des missionnaires avant qu'ils ne s'embarquent. Plusieurs d'entre eux, comme le père de Foucault, y avaient affirmé leur vocation apostolique. Ce rôle n'avait pu qu'attirer les faveurs du rénovateur des missions qu'était Pie XI. Le pape choisit pour légat un Ciotaden : le cardinal Maurin, archevêque de Lyon, primat des Gaules et...ancien recteur de N.D. de la Garde. Les fêtes du couronnement furent annoncées par une affiche anonyme, réalisée en fait par l'abbé Merme. La messe solennelle fut donnée le 21 juin en la cathédrale de la Major. A la sortie, les gardians de Camargue menés par le marquis de Baroncelli-Javon accueillirent la statue aux deux diadèmes gemmés, l'un pour la Vierge, l'autre pour l'enfant Jésus. Un cortège disparate se forma jusqu'à la Joliette mêlant les *capa magna* des cardinaux, les habits du pays arlésiens, les soutanes des prêtres, les cagoules des pénitents et les habits du dimanche des fidèles. Hissée sur une mahonne pavoisée tirée par un remorqueur de la Compagnie Chambon, la statue d'argent accomplit un périple dans la rade, puis s'en vint dans le Vieux-Port, quai aux Huiles, entourée par des centaines d'embarcations. Débarquée, l'image mariale portée à bras d'hommes s'arrêta un moment à Saint-Victor : l'allégeance du prieuré vieux de plus de sept siècles envers l'abbaye était renouvelé. Le défilé reprit jusqu'à la basilique, au milieu de la foule chantant des hymnes et des cantiques. L'une des plus grandes manifestations de piété que la colline ait connues s'était déroulée dans le calme et le respect. En vertu d'un indult, la fête de Notre-Dame de la Garde serait désormais célébrée chaque année le samedi suivant celle du Sacré-Coeur sous la protection duquel Monseigneur de Belsunce avait placé le diocèse de Marseille en 1720. Un hommage exceptionnel venait d'être rendu à celle que la piété populaire avait depuis longtemps nommé la Bonne Mère.

albert jorio
d'après H. CÉRUTTI
LES FILMS
MARCEL
PAGNOL
PRÉSENTENT :
RAIMU_PIERRE FRESNAY et ORANE DEMAZIS
dans
FANNY
de MARCEL PAGNOL
avec
Alida ROUFFE
CHARPIN
MOURIES
Réalisation de Marc ALLEGRET

"Fanny de Marcel Pagnol",

affiche d'Albert Jorio d'après Henri Cerutti, 1932.

Marseille sur les écrans

poster by Albert Jorio after Henri Cerutti, 1932.

Marseilles on the screens

Après *Marius,* la pièce *Fanny* portée à l'écran répandit une certaine image de Marseille, et plus encore des Marseillais. Marcel Pagnol, leur auteur né en 1895 comme le cinéma des frères Lumière, avait saisi l'importance du "parlant" qui lui permettait d'immortaliser le jeu des comédiens et de conquérir un plus large public. A partir de ses textes, la Paramount avait déjà réalisé deux films, mais ses dirigeants ne croyaient pas au succès d'une suite donnée à *Marius*. Marcel Pagnol se souvint de quelle manière la compagnie américaine "venait de massacrer *Topaze*",en dépit du jeu de Louis Jouvet. Il reprit les droits abandonnés si imprudemment. Avec son ami Roger Richebé, Pagnol fonda la petite société de production portant son nom pour tourner le film *Fanny*, puis s'attacha à réunir les comédiens qui avaient participé au succès de *Marius*, Raimu en tête, pour une version améliorée de la pièce jouée par d'autres au Théâtre de Paris. La mise en scène fut confiée à Marc Allégret. Tourné durant l'été 1932, le film sortit en avant-première dans la capitale au mois d'octobre, et quelques semaines après sur La Canebière. Pour sa présentation à Marseille, le 10 novembre, au Capitole, ce "palais du spectacle" qui appartenait à la famille Richebé, Pagnol était à côté d'Orane Demazis. Dans la salle, se pressaient le maire, le préfet, les députés Tasso et Sabiani, l'architecte Castel et bien d'autres personnalités. A la fin de la projection, lorsque la lumière fut revenue dans la grande salle, après quelques secondes de silence, les applaudissements éclatèrent. Les spectateurs avaient compris qu'ils venaient d'assister à un grand moment du 7ème Art. Sur des dialogues ciselés, avec des gestes et des accents de tous les jours, les personnages animés d'une humanité profonde portaient le film vers des sommets jamais atteints jusqu'alors en France. La touchante histoire de Fanny s'inscrivait dans le cadre marseillais. La couleur locale, même transposée en noir et blanc, et la musique signée Vincent Scotto agissaient sur leurs sentiments : le Vieux-Port avec son animation, le marché et son mouvement, les rues que traverse Fanny obsédée par la révélation de son médecin, les interminables escaliers montant à Notre-Dame de la Garde et Marseille qui se découvre. L'affiche déclinée d'après Cerutti par Albert Jorio (qui réalisera plus tard celles du *Schpountz*, de *Regain* et d'*Angèle*) conceptualisait l'intrigue, en montrant un amour malheureux sur le Lacydon : Fanny porte son regard triste sur la Vierge lointaine, implorant sa protection et le retour du "Malaisie" sur lequel navigue Marius. La sobre composition écarte les scènes joyeuses du bar de la Marine, des galéjades au cabanon, des boules sur les rails du tramway ou de la vente du "Pitalugue", trop souvent associées au comportement normal des Provençaux. Celà n'était pourtant que création artistique. Les Marseillais se précipitèrent dans les salles obscures. Ils cherchaient à se divertir, à oublier la crise mondiale. Tous les records de fréquentation depuis l' invention du cinéma furent battus : 40 000 spectateurs en une semaine. Les Richebé, qui avait présenté *Fanny* dès avant sa sortie comme "le plus grand film de l'année", s'attendaient bien à un succès, mais ils n'avaient osé l'espérer si grand. Pareil enthousiasme se rencontrait de Toulouse à Bruxelles. Marseille se sentait fière de Marcel Pagnol, ce jeune mais déjà illustre créateur.

andré bermond
DU 26 MARS AU 10 AVRIL
ACHETEZ
ACHETEZ
ACHETEZ
PENDANT LA
GRANDE QUINZAINE COMMERCIALE MARSEILLAISE
UN BILLET DE TOMBOLA SERA REMIS GRATUITEMENT POUR TOUT ACHAT D'UNE VALEUR DE 10 FRANCS
IMP. MOULLOT_MARSEILLE

"Grande Quinzaine commerciale", affiche d'André Bermond, 1933.

Pour conjurer la crise et la morosité

a poster by André Bermond, 1933.

To exorcise the crisis and the general moroseness

La crise s'installait et semblait ne plus vouloir finir. Tous les domaines économiques étaient touchés. Le marasme s'étendait, le chômage gagnait, provoquant un repliement général. Faute de pouvoir vendre, les industriels baissaient leurs prix ; les consommateurs assurés de revenus pouvaient en profiter, mais ils attendaient, repoussant leurs achats ou les diminuant face à un avenir imprévisible. La situation tournait au dramatique. Les commerçants voyaient fondre leur clientèle, alors que s'allongeaient les queues aux soupes populaires. Certains chefs d'entreprise tentèrent d'y apporter des remèdes. Gaston Dufour, le président de la Société des commerçants, magasiniers et industriels de Marseille, s'attacha ainsi à fédérer les énergies ou plus simplement les bonnes volontés, pour tenter d'inverser la chute de l'activité régionale. Avec d'autres, il mit au point une opération susceptible de combattre l'apathie des acheteurs et de redynamiser les échanges. L'idée d'une "*Grande Quinzaine commerciale marseillaise*" fut lancée en novembre 1932. Le maire de Marseille, le préfet des Bouches-du-Rhône, le président de la Chambre de Commerce apportèrent leur autorité morale. L'appel fut compris : six mille professionnels adhérèrent à la manifestation devenue évènement. Des animations et des réjouissances furent organisées afin de développer une atmosphère de bonne humeur : corsos, concerts symphoniques, bals, spectacles, fêtes nautiques, feux d'artifice, concours de voitures et même un grand prix de cyclo-cross urbain, dont le départ allait être donné par le "populaire comique" Fernandel. Une tombola gratuite dotée de 5 000 lots, la plus importante jamais organisée en France, contribuait à dispenser le rêve. On allait pouvoir y gagner des automobiles Talbot, Mathis, Renault Monastella, Peugeot 301, Rosengart, des chambres à coucher, du mobilier, des bijoux, des pièces d'orfèvrerie, des fourrures, des postes T.S.F., des motocyclettes et des milliers d'autres articles. La plupart des commerçants décorèrent leurs devantures. Monsieur le maire, le docteur Ribot, avait recommandé de pavoiser les administrations et les établissements publics ; les places et les avenues s'ornaient de drapeaux tricolores ; des pavillons flottaient sur les tramways et les navires. Marseille en se donnant un air de fête retrouvait un climat de gaieté. Avertis par une publicité dispersée sur les murs et dans les journaux, les acheteurs vinrent de tout le département, attirés autant par les promotions que par les festivités. Ils répondirent à l'appel de la belle Marseillaise signée André Bermond qui, avec un sourire des plus optimistes, leur répétait : "*Achetez, achetez*". Avec Bermond, au graphisme soigné, se découvrait enfin le Pont-à-transbordeur, élément moderniste élevé à l'entrée du Vieux-Port longtemps renié par les artistes tenants d'un académisme officiel. Dépassant les prévisions les plus optimistes, le chiffre d'affaires annoncé allait représenter soixante-cinq millions de francs de l'époque, l'argument le plus éloquent pour démontrer la valeur stimulante de semblable opération dans une conjoncture de stagnation générale. L'élan donné ne pouvait être que favorable à la reprise. A la Grande Quinzaine commerciale succéda une autre importante manifestation : la Foire-Exposition de printemps qui à son tour, pendant plus d'une semaine, allait draîner de nombreux visiteurs attirés par son éclectisme. Une fois encore, une fois de plus, Marseille avait donné au pays un exemple salutaire de confiance et d'union.

"Au Pays du soleil",

affiche anonyme, 1935.

L'esprit marseillais à l'assaut de la capitale

anonymous poster, 1935.

Marseilles' spirit assaulting the capital

"C'est un pays de générosité, de coeur et de poésie d'âme ; ils reçoivent les poètes en frères, ils sont poètes eux-mêmes !". Ainsi s'exprimait Lamartine séjournant à Marseille en 1832 avant de s'embarquer pour l'Orient. Grâce à une antique tradition d'hospitalité et de vieilles habitudes commerciales, les Marseillais pratiquaient une cordialité d'accueil exemplaire. Ils laissaient même transparaître dans leur comportement une certaine insouciance, une joie de vivre. Rencontrés dans la rue, avec leur sourire, il pouvait sembler difficile de distinguer ceux qui se rendaient à leurs activités professionnelles de ceux qui se livraient à une simple flânerie. Héritiers d'une bonne humeur méditerranéenne, chassant tout pédantisme et sévérité de langage, les Marseillais savaient plaisanter et faire rire. Spirituels et imaginatifs, ils inventaient bien ; ils racontaient mieux encore. L'esprit marseillais était célèbre et se répandit même dans la capitale. Après Marcel Pagnol, son théâtre et son cinéma, Henri Alibert et Vincent Scotto le firent connaître avec l'opérette. Paris s'en enticha. Reprenant des personnages populaires typés "avé l'assent", des intrigues de mélodrame, ils faisaient l'éloge du bonheur à deux au pays du soleil. Sous ce titre, le chanteur Alibert, le comédien Sarvil et le compositeur Scotto confectionnèrent une opérette présentée au Moulin de la chanson à Paris en octobre 1932. Le succès dépassa là encore les espérances. Les principaux airs surgirent bientôt sur toutes les lèvres. Suivirent alors de saison en saison d'autres opérettes : *"Trois de la Marine"* (1933), *"Zou! Le Midi bouge"* devenue *"Arènes joyeuses"* (1934), *"Un de la Canebière"* (1935). Celle que l'on nommait "la reine des opérettes marseillaises", *"Au Pays du soleil"*, continuait sa brillante carrière dans les salles obscures filmée par Robert Péguy ou sur les scènes de Bobino, de l' Européen et bien évidemment de l' Alcazar. Rellys, Henry Borrely de son vrai nom, un vrai Marseillais qui entama avec elle une longue carrière, se souvenait qu'il lui fallait bisser et même trisser les chansons de Scotto: *"Miette"*, *"J'ai rêvé d'une fleur"*, *"La valse à petits pas"*, et d'ajouter : "C'est inoubliable ! Cela vous flanque le vertige de voir une salle vibrer aussi intensément". De vrais triomphes.

La vogue dont bénéficiait le Midi fut profitable à l'avènement du Ricard. L'absinthe nocive interdite depuis 1915, deux décrets de 1922 et 1932 avaient assoupli la législation en affirmant l'innocuité des liqueurs d'anis, mais elles ne devaient pas dépasser une teneur en alcool de 40°. Persuadé que les apéritifs anisés seraient bientôt autorisés, Paul Ricard, un jeune homme de vingt-trois ans, élabora dans l'arrière-boutique familiale, à Sainte-Marthe, une boisson à base de grains de fenouil, de fleurs d'anis, de réglisse et de plantes de Provence. Ancien élève des Beaux-Arts de Marseille, il conçut lui-même le graphisme de l'étiquette et de la première affiche de ce qu'il nomma tout naturellement l'apéritif Ricard. Les couleurs retenues ajoutaient leur message à l'intitulé du nom en lettres baton. Paul Ricard oeuvra alors pour l'autorisation des 45°, aidé par le Syndicat des cafetiers de Marseille. En 1938, ils triomphaient : après un rapport favorable des Facultés de médecine, les 45° qui permettaient de consommer une boisson étendue de cinq volumes d'eau, donc moins alcoolisée, étaient accordés. Plus de 360 000 bouteilles de Ricard s'écoulèrent en un an. Le pastis partait à la conquête de l'hexagone. Convaincu de la nécessité de communiquer pour s'affirmer mieux encore sur le marché des alcools et des spiritueux, Paul Ricard investit plusieurs millions de francs dans de gigantesques campagnes publicitaires multiformes. La presse nationale voyait fleurir des encarts montrant la façon de boire le pastis "à la marseillaise" ou évoquant sa province d'origine. Des affiches apparaissaient dans les villes et les villages, des affichettes à l'intérieur des bars et des cafés. L'une d'elles signée Dupuich, habile photomontage sur fond peint, montrait un débitant heureux de servir un Ricard. Derrière lui à contre-jour se profilait le Pont-à-transbordeur, entre les piliers duquel le soleil de Marseille se couchait. Désormais les Parisiens ne demandaient plus un pastis, mais précisaient un Ricard.

"Ricard, le vrai pastis",

affiche de J.-A.Dupuich, vers 1939.

Un alcool à la conquête de l'hexagone

poster by J.-A. Dupuich, about 1939.

A spirit to conquer France

FACULTÉ DES SCIENCES
DE MARSEILLE
STATION
MARINE
D'ENDOUME
AQVARIVM
IMP. MARSEILLAISE.
MARSEILLE.

"Station marine d'Endoume",

affiche d'Henry Mariel, 1940.

Aux origines de l'océanographie française

poster by Henry Mariel, 1940.

At the very start of the French oceanography

Depuis toujours tournée vers la Méditerranée, Marseille ne pouvait que se passionner pour la découverte des fonds sous-marins. La mer avait été longtemps mal connue. L'impossibilité naturelle pour l'être humain de rester sous l'eau au-delà d'un temps très court amena la conception d'engins spéciaux : en 1734, grâce à un tonneau étanche, le Britannique Lethbridge repêcha la cargaison de piastres d'un vaisseau perdu dans la rade de Marseille. L'expérimentation en 1764 par la Chambre de Commerce de la "machine à plonger" du dénommé Louis Dalmas mérite d'être rappelée : le plongeur se trouvait enserré dans un fourreau de cuir terminé par une pyramide vitrée. Certains de ces pionniers y laissèrent leur vie... Profitant des progrès de la révolution industrielle, les scaphandriers dotés de nouveaux équipements étaient désormais utilisés autant pour la construction des quais que pour renflouer les navires "sombrés". Les savants n'étaient pas en reste, étudiant les variétés benthiques et planctoniques rapportées des fonds. Il était dès lors tentant de voir les poissons évoluer dans des bassins d'eau de mer et, qui plus est, de les montrer au grand public. En 1883, le professeur Marion de la Faculté des Sciences de Marseille entreprit l'édification d'une station zoologique à l'extrême pointe d'Endoume, entre les anses de Maldormé et la batterie des Lions. Le laboratoire d'expériences et de recherches ouvert au public devint une véritable attraction, à la fois curieuse et instructive, familièrement appelée "l'Aquarium". Malheureusement, durant la Première Guerre mondiale, l'établissement scientifique fut occupé par l'Armée et rendu inutilisable. L' Université voulut le restaurer dans les années Trente ; elle pouvait s'appuyer sur Henri Tasso, député-maire de Marseille, ministre de la Marine marchande. La réouverture de l'aquarium d'Endoume se fit le 30 mai 1937. De nombreux bacs agrémentés de rocailles, éclairés à l'électricité, rassemblaient une sélection de la faune du golfe. Derrière les épaisses vitres, on pouvait apercevoir des poulpes, langoustes, homards, loups, muges, congres et murènes révélant les secrets de leur existence. Le premier étage de la station abritait l'Institut de zoologie marine, des laboratoires et des bureaux de cartographie. Ce centre d'études ou de découvertes ouvert sur l'extérieur allait contribuer à la naissance de l'océanographie française. La Seconde Guerre allait, une fois encore, ralentir son activité. Ailleurs dans les eaux de cette même rade, sous le couvert du Service des phares et balises, le jeune plongeur Jacques-Yves Cousteau mettait au point un appareil débitant automatiquement l'air à une pression convenable. Avec la plongée autonome, une nouvelle étape d'exploration venait d'être franchie. Le nom de Cousteau allait être intimement lié à celui de Marseille. Il y créa à la Libération l' Office français de recherches sous-marines avec l'appui des autorités régionales et de la Chambre de Commerce, alors gestionnaire d'un port qui n'était pas autonome. Passionnée depuis toujours par la mer, Marseille participait avec confiance à cette extraordinaire aventure, l'une des plus audacieuses que l'homme n'ait jamais vécue.

PIERRE O'CONNELL et 'ARYS NISSOTTI présentent
PIERRE RICHARD-WILLM
MICHELE ALFA
LISE DELAMARE
AIMÉ CLARIOND
Sociétaire de la Comédie Française
dans
ARNSTAM
LE COMTE DE
MONTE-CRISTO
D'APRÈS LE CÉLÈBRE ROMAN D'ALEXANDRE DUMAS PÈRE
VERSION NOUVELLE DE ROBERT VERNAY
MUSIQUE ORIGINALE DE JEAN WIENER
avec
JACQUES BAUMER. ALEXANDRE RIGNAULT. HENRY BOSC. LINE NORO. LOUIS SALOU
et
MARCEL HERRAND
REGINA
DISTRIBUÉ PAR
Filmsonor

"Le Comte de Monte Cristo",

affiche d'Arnstam, 1942.
Le plus connu des héros marseillais

poster by Arnstam, 1942.
The best known hero from Marseilles

Une statue méritait d'être édifiée à l'embarcadère du Vieux-Port en l'honneur de celui qui chaque année, par la magie de son talent littéraire, attirait des milliers de personnes sur les traces d'Edmond Dantès et de l'abbé Faria. Alexandre Dumas apporta à Marseille une renommée exceptionnelle en la faisant entrer dans le patrimoine culturel mondial. Le romancier avait séjourné plusieurs fois rue Beauvau, en partance ou au retour du Maghreb et de l'Orient. L'idée d'incarcérer ses personnages dans une prison d'Etat, d'où l'on put s'évader en se substituant à un cadavre jeté à la mer, lui était venue devant l'îlot d' If. Depuis 1844, date de leur première parution dans *Le Journal des débats*, les aventures du comte de Monte Crito avaient passionné des générations de lecteurs. De nombreux touristes faisaient chaque année de l'excursion maritime au château d' If le but de leur visite à Marseille. La fiction était devenue réalité.

La vieille citadelle édifiée sur ordre de François Ier avait été classée monument historique en 1926. Un gardien (moyennant "pourboire" comme le conseillait le *Guide bleu* de l'époque) montrait les cachots légendaires de l'abbé Faria et d'Edmond Dantès, éclairait à l'aide de bougies un cachot bas creusé dans le roc, puis ceux de l' Homme au masque de fer, de Philippe-Egalité, de Mirabeau... L'accès par un escalier assez dangereux à la plate-forme du donjon offrait une vue de choix sur Marseille, l'archipel du Frioul, le phare de Planier et un golfe aux éblouissants rivages. *Le Comte de Monte Cristo* traduit dans à peu près toutes les langues toucha un large public grâce au cinéma. Un nouveau film mis en scène par Robert Vernay fut distribué en 1942. Par le passé, depuis 1908 on en avait déjà donné sept versions cinématographiques. L'affiche signée du pseudonyme d'Arnstam dramatisait l'action. Dans le regard noir de Pierre Richard-Willm passait le souvenir amer du jour où une barque l'avait mené vers la forteresse battue par la houle. Avec Dantès, le héros marseillais le plus connu qui symbolisait la révolte des opprimés, les scènes de l'arrestation pour complot et les geôles noires prenaient une résonance toute particulière en cette dramatique année de guerre.

"La Marseillaise",

affiche de C. Jammes, 1945.
Née dans les imprimeries clandestines

poster by C. Jammes, 1945.
Born in the underground printing works

Limités à de minces bandes de papier, truffés de communiqués sobres et d'éditoriaux vindicatifs, les journaux autorisés durant la guerre n'étaient pratiquement lus que pour les annonces des décès toujours nombreux et les ravitaillements trop parcimonieux. A cette presse officielle, achetée ou muselée, tentaient de répondre des feuilles clandestines. *L'Espoir, Le Marseillais, La Marseillaise* imprimés clandestinement dans les Bouches-du-Rhône reprenaient les appels à la résistance, au rassemblement des énergies, à la lutte contre l'ennemi. Peu après le débarquement sur les côtes de Provence, un ordre d'insurrection fut lancé : unis aux F.F.I. et aux F.T.P., les Marseillais hérissèrent leur ville de barricades le 21 août, sans attendre l'arrivée des troupes alliées. Pendant que les combats faisaient rage, les jours suivants, des journaux imprimés on ne savait comment, étaient littéralement arrachés des mains de ceux qui les distribuaient. Des résistants socialistes du réseau Brutus dirigé par l'avocat Gaston Defferre avaient investi les locaux du *Petit Provençal*. Le mercredi 23 août, une simple demi-feuille coupée en long sortait des rotatives : le premier numéro du *Provençal*. Un groupe de Francs-tireurs et partisans occupait à son tour l'imprimerie du *Petit Marseillais*. Le lendemain 24 août apparaissait *La Marseillaise* portant sous une bande tricolore le titre tant attendu : "Marseille est libérée". Nouveaux venus, *Le Méridional*, porte- parole du M.R.P. démocrate-chrétien le 11 septembre, suivi par *La France de Marseille et du Sud-Est*, politiquement plus à droite, et de *Rouge-Midi*, "l'organe régional du parti des fusillés". Malgré la bonne volonté des journalistes, les difficultés matérielles rencontrées étaient énormes, l'approvisionnement en papier réduit, les formats et les tirages limités. La guerre continuait sur d'autres fronts, la vigilance s'imposait. La presse de la Libération réussissait à donner les nouvelles essentielles, tout en défendant l'esprit de la Résistance. Une série de mesures et d'ordonnances prises de septembre 1944 à mars 1945 interdit les journaux qui avaient continué de paraître sous le régime allemand. Le rôle joué par Gaston Defferre lui valut d'être envoyé par la S.F.I.O. au gouvernement, où il devint secrétaire d' Etat à l'Information. Son projet de loi voté le 11 mai 1946 tentait de régler les conflits entre les tenants de l'ancienne et de la nouvelle presse, mais la mise en application s'avéra difficile. *La Marseillaise* pouvait désormais s'afficher avec fierté. Un tambour battait le rappel des lecteurs, et des souvenirs : le mouvement révolutionnaire de 1792 et ses sans-culottes, Marseille de l'Entre-deux guerres et son Pont-à-transbordeur encore debout, le nouveau quotidien issu du Front national de lutte pour la libération de la France... A cette thématique communiste répondit la Marianne réfléchie du *Provençal*, le "journal des patriotes socialistes et républicains" rayonnant sereinement sur le Sud-Est. Brisant ses chaînes et débarrassé de son joug, Marseille contemporaine avait gagné sa liberté d'expression. La paix revenue, un exceptionnel pluralisme d'opinions s'offrait à tout un chacun.

"Le Provençal",

affiche d'André Bermond, 1946.
Apparu dans les combats de la Libération

poster by André Bermond, 1946.
Born in the Liberation fightings

L'appel...
des Affaires
place
D'APRÈS Jean A. Mercier.
1927.
FOIRE INTERNATIONALE DE
MARSEILLE
DEUXIEME QUINZAINE DE SEPTEMBRE
d'après AFFICHES LUTETIA

"Foire internationale",

affiche d'Albert Place d'après Jean Mercier, vers 1946.

Un rayonnement international

poster by Albert Place after Jean Mercier, about 1946.

An international event

Lors des deux grandes Expositions organisées en 1906 et 1922, Marseille avait démontré son rôle de centre économique du sud de la France et sa mission de métropole coloniale. Certains voulurent en prolonger les effets. Une telle entreprise supposait l'organisation d'une rencontre internationale orientée sur la Méditerranée et l'outre-mer. A l'instigation d'une poignée de professionnels déterminés, une "Semaine industrielle et commerciale" se tint au parc Chanot au mois de juin 1925 : des débuts modestes, mais prometteurs. Il fut décidé de renouveler l'expérience l'année suivante. Après les artistes Jean Lair et Roger Pérot, un jeune dessinateur Jean Mercier travaillant pour les Affiches Lutétia conçut une création forte, de belle allure. Avec talent, il s'était contenté de représenter une imposante cheminée de paquebot bien droite : une masse centrée, d'une grande visibilité en rouge et noir. De part et d'autre, étaient disposées les silhouettes de Notre-Dame de la Garde et du Pont-à-transbordeur, ancrant l'image dans une réalité que renforçait l'inscription sur laquelle elle s'appuyait : "*Marseille*". La jeune manifestation connut une extension remarquable et rapide. En 1929, elle fut déclarée "*Foire internationale*" lors d'un grand congrès tenu à Leipzig. Jean Mercier remodela son affiche en penchant la cheminée bicolore. Les foires se succédaient avec succès au rond-point du Prado. Elles devinrent des fêtes attendues en septembre. Les Marseillais y allaient pour voir et se distraire, boire et manger. Ils s'en revenaient avec des trouvailles ménagères dignes du concours Lépine et parfois des commandes plus importantes : mobilier, radio, automobile. L'occupation du parc Chanot par les troupes allemandes, puis américaines en interdit la tenue de 1943 à 1945. La Foire reprit tant bien que mal en 1946. Albert Place, le publicitaire dont les organisateurs s'étaient attachés les services, décida de modifier la cheminée emblématique imaginée par son confrère Mercier : il ajouta un sifflet, la mention "*L'appel des affaires*", et gomma le Pont-à-tranbordeur dynamité à la Libération. La modeste semaine commerciale et industrielle des années Vingt se haussait à la hauteur d'une institution. Par sa fréquentation et les affaires traitées, la Foire internationale témoignait d'un rayonnement affirmé, devenant un marché d'échantillons et un lieu d'échanges. Les participations étrangères, officielles ou privées, témoignaient du retentissement qu'elle rencontrait hors des frontières. Apportant un surplus d'activité à l'économie régionale, elle permit à Marseille d'affirmer davantage son rang de grande métropole méditerranéenne.

"Groupement pour la reconstitution du port",

affiche monogrammée G.N. (Georget et Nathan), 1948.
La priorité donnée aux transports

poster monogrammed G.N. (Georget et Nathan), 1948.
Priority is given to transports

Les 21 et 22 août 1944, les troupes allemandes détruisaient sauvagement le port de Marseille pour en interdire l'accès aux navires alliés. Cent-soixante-dix navires de tout tonnage furent envoyés par le fond ; seules quatre grues (sur deux-cent-cinquante-sept avant-guerre) et six postes à quai (sur cent-vingt-sept) demeuraient intacts. Les hangars avaient été eux aussi gravement endommagés par les explosions de mines. Sur des kilomètres, le premier port de France n'était plus qu'un immense chaos, un champ de ruines et de gravats. Il fallut reconstruire dans l'urgence. Les transports se révélaient le point névralgique de la situation économique. Dès la Libération, le gouvernement donna la priorité à la remise en état des ports et des chemins de fer. A Marseille, il fallut entreprendre des travaux coûteux et délicats, mais en trois ans six kilomètres de quais avaient été réparés, cent-quatorze postes à quai rendus à l'exploitation. Le port retrouvait 250 000 m^2 de hangars, cinquante grues et il ne restait plus qu'une dizaine d'épaves à renflouer. Même avec ses moyens diminués, il contribuait chaque jour au développement de l'économie française, retrouvant dans la vie maritime internationale la place éminente qui avait été la sienne. Des efforts restaient encore à faire. Les finances publiques se trouvaient plongées dans une situation grave : l'emprunt, comme la dévaluation restaient des remèdes inévitables. La France y avait déjà eu recours dans les épreuves passées. Des emprunts à moyen ou court terme furent lancés ; grâce à eux, l'on passait de la "Reconstruction" à la "Reconstitution".

Pour l'émission de nouvelles obligations à 5%, Georget et Nathan conçurent une affiche comme ils les aimaient : "simples, vigoureuses". Proches de la peinture figurative contemporaine, ils développèrent leur composition par masses essentielles, simplifiant et équilibrant ses différents motifs, des eaux des bassins jusqu'aux cieux où s'élève Notre Dame de la Garde. Marseille prenait peu à peu un nouveau visage, rajeunie par de nouvelles architectures, de nouvelles usines, de nouvelles installations. Dix ans après sa destruction, le port était redevenu l'un des plus modernes au monde. Il s'adaptait pour répondre à de nouvelles exigences en un temps où spécialisation et rapidité devenaient des maîtres-mots. En 1954, il regroupait le quart de la flotte marchande française ; le volume du trafic avoisinait les vingt millions de tonnes et un million cinq cent mille passagers y avaient transité. L'importance des mouvements de voyageurs et de marchandises enregistrés lui permettait de se prévaloir du titre de premier port de l'Union française, la majeure partie des relations s'effectuant avec l'Afrique du Nord. Des départs réguliers de "trains-paquebots", en correspondance avec les arrivées des bâtiments, permettaient de gagner Paris et les principales villes d'Europe par voie ferrée. Pour ceux qui préféraient les transports aériens, la proximité d'un aéroport sur les bords de l'étang de Berre, plaque tournante des lignes desservant les continents africain et asiatique gérée par la Chambre de Commerce, présentait un avantage certain. Ainsi, avec ténacité, Marseille restait l'un des grands carrefours du monde.

"Afrique du Nord France",

affiche de Roger Chapelet, 1954.
Le premier port de l'Union française

poster by Roger Chapelet, 1954.
The French Union foremost harbour

DES CITES DE PROVENCE S'AFFICHENT...

PLM
Jean Julien
CORNILLE & SERRE
IMPRIMEURS
19 R du Terrage PARIS
SOURCE SEXTIUS
AIX en PROVENCE

"Aix-en Provence",

affiche de Jean Julien, vers 1914.

La capitale de la Provence

poster by Jean Julien, about 1914.

The capital of Provence

Marseille ne se montrait pas seulement sous les apparences d'une grande ville maritime, industrielle et commerciale ; elle était également le point de départ de nombreux itinéraires touristiques menant à la découverte d'une région des plus pittoresques connue pour la variété de ses sites naturels, la beauté de ses cités chargées d'histoire, mais aussi pour l'accueil chaleureux des habitants et la qualité de leurs spécialités gastronomiques. L'énoncé du seul nom de Provence évoquait un soleil ardent, un ciel et une mer aux bleus changeants, des pinèdes et des oliveraies où chantaient les cigales. Des affiches de voyage permettaient de le rappeler et mieux encore de le montrer. Aix, l'ancienne capitale provinciale ravalée au rang de sous-préfecture, avait conservé sa physionomie d'antan et nombreux étaient les touristes, les artistes et les gens de plume qui y séjournaient. Ils y trouvaient quiétude et sérénité. Certains avaient osé comparer la cité du roi René à une "belle endormie" ou à "une capitale au bois dormant"; d'autres s'insurgèrent contre cette image peu flatteuse, comme le fit Félix Régamey en 1897 : "Aix, ville morte! Non pas ! Calme, apaisée, charmante, à l'abri du mistral et ne demandant qu'à vivre". Derrière des apparences que quelques-uns avaient pris pour de l'alanguissement se cachaient de sérieuses activités universitaires et judiciaires, mais aussi d'importantes affaires de négoce reposant sur les produits du terroir : les huiles d'olive d'abord, les amandes ensuite, grâce auxquelles Aix était devenue une place de renommée internationale. Elle n'en gardait pas moins des allures tranquilles, un charme distingué. Pour les besoins d'une affiche du P.L.M., le peintre marseillais Jean Julien montra la place de la Mairie dominée par le beffroi du XVIe siècle accolé à l'Hôtel de Ville baroque. Avec hardiesse, il n'hésita pas à déplacer une montagne, la célèbre Sainte-Victoire aux formes immortalisées par Paul Cézanne, afin de la mettre en situation dans sa lithographie. Plus raisonnablement, il s'attacha à rendre les jeux de la lumière sur les façades et les toits, les creux et les saillies. Prise dans les rayons du soleil filtrés par des nuées voyageuses, s'élève une belle fontaine et sa colonne antique promues en 1789 centre géographique du terroir aixois. En un temps où l'eau courante n'était pas distribuée partout, les fontaines jouaient un grand rôle dans la vie quotidienne ; lors des nécessaires aller-retour avec les cruches vernissées, le plaisir de la conversation atténuait quelque peu la dureté de la corvée ménagère. Dans un médaillon circulaire, bien en évidence, apparaît une autre fontaine, celle du parc de l'établissement thermal. Si les fontaines, leur décoration soignée et leur chanson cristalline constituaient l'un des charmes d'Aix-en-Provence, les sources minérales avaient contribué à sa bonne fortune.

"Aix-en-Provence",

affiche de l'atelier Pichon, 1925.
Thermalisme et tourisme

poster by Pichon, 1925.
Balneology and tourism

Répondant à l'appel des Grecs de Massalia menacés par les Celto-Ligures, Rome intervint militairement en 124 avant J-C. Les légions du proconsul Caiüs Sextius Calvinius enlevèrent de haute lutte les villages fortifiés d'Entremont et de Roquepertuse. Pour pacifier mieux encore la région, un camp retranché fut construit en 123, non loin de sources ; son nom : Aquae Sextius, "les eaux de Sextius". Ainsi naquit la première cité romaine des Gaules qui allait devenir Aix-en-Provence. Durant l'Antiquité, la valeur thérapeutique des sources était appréciée, si l'on en croit Pline l'ancien affirmant qu'elles rendaient aux femmes leur fécondité perdue. Avec le renouveau des bains romains au XIXe siècle, la mode des cures traversa l'Europe fortunée. La réputation d'Aix, la plus ancienne des villes thermales françaises, n'était plus à faire ; pourtant elle dût attendre son classement officiel jusqu'en 1913. Ses eaux sourdaient à 34°, toujours limpides et abondantes, pour être administrées en boissons, en bains et douches ; on les employait pour traiter les affections veineuses, les reliquats post-phlébitiques, les rhumatismes articulaires. La Première Guerre mondiale passée, Aix, située sur l'axe routier Paris-Nice et à une demi-heure de

Marseille, connut un regain de fréquentation. Le vieil Hôtel des thermes Sextius construit en 1705 fut, une fois de plus, remis à neuf et modernisé afin d'offrir les garanties d'hygiène, de confort que réclamait sa nouvelle clientèle. La renaissance conjuguée du tourisme facilita la construction du Casino municipal (1923), de l'Hôtel Riviera (1924), de l'Hôtel du Roi René (1928). Les salles de jeux, de théâtre et de cinéma s'associaient parfaitement aux cures : les émotions qu'elles favorisaient étaient autant recherchées que les ablutions salvatrices. Sur les affiches destinées à attirer de nouveaux curistes, les artistes se dispensaient de la représentation trop prosaïque des soins thermaux. Pichon peignit les eaux jaillissant de la monumentale fontaine de la Rotonde, le blanc casino Art déco, les platanes sous lesquels s'arrêtaient de longues limousines. La campagne environnante chère à Granet, Zola et Cézanne fut revue par Féguide. Avec ses envolées chromatiques, il évoqua le charme des conciliabules crépusculaires près de cyprès fuselés, les feux du couchant embrasant la cité : une scène emplie de lyrisme, que contrebalance l'affirmation péremptoire: "*guérit la phlébite*". Aix-en-Provence, ville d'art, était fondamentalement une ville d'eaux.

"Aix-en-Provence",

affiche de Marcel Féguide, 1928.
Ville d'eaux, Ville d'art

poster by Marcel Feguide, 1928.
A town of artistic interest and a spa

ESSI
MADO
albert Duvernay
CASSIS
BOUCHES-DU-RHÔNE
HAVAS

"Cassis",

affiche d'Albert Duvernay, vers 1930.
Les beautés de la Méditerranée

poster by Albert Duvernay, about 1930.
The sights of the Mediterranean sea

"Qui a vist Paris Si a pas vist Cassis A ren vist". L'aimable dicton provençal du XVIIe siècle se voulait d'actualité à l'époque contemporaine. Le petit port de pêche et de commerce quelque peu assoupi s'était ouvert au tourisme et à la plaisance : une reconversion tardive, mais réussie. Cassis attirait désormais de nombreux Marseillais, des Provençaux et des étrangers à la recherche d'une station balnéaire où ils pouvaient goûter calmement les joies du soleil et de la mer. Le terroir alentour se révélait un paradis pour les randonneurs désireux de découvrir les calanques de Port-Miou, Port-Pin et En-vau, découpes de la côte plus ou moins profondes, les unes boisées, les autres dénudées. La cité de Cassis bloquée entre les falaises du cap Canaille et les collines de la Gardiole, offrait des quais bordés de maisons hautes et étroites, des placettes ombragées, un château médiéval couleur d'amadou. En arrière s'étageaient des restanques plantées d'oliviers, d'arbres fruitiers et surtout de vignes. Le vin blanc, sec et parfumé que l'on tirait de leurs grappes, avait contribué au prestige de Cassis. Frédéric Mistral avait également participé à son renom en situant dans les environs le repaire de la fée Esterelle qu'aima un jeune pêcheur d'anchois ; *Calendal,* cette oeuvre mistralienne, devint le poème de la patrie délivrée par l'héroïsme de l'un de ses enfants. Cassis accueillit des artistes en quête de paysages contrastés, d'un climat privilégié, d'une vie libre et calme. L'azur profond des flots, le vert sombre des pins, le brun des falaises, le beige des voiles ont été immortalisés par les peintures et aquarelles que signèrent Ponson, Derain, Vlaminck, Matisse et Dufy. A vingt-sept kilomètres de Marseille, par le désertique col de la Gineste, l'endroit devint fréquenté toute l'année. On y trouvait quatre plages, un jeu de boules, un parc de sports aménagé, un club nautique, un petit musée. En quelques années, la charmante station familiale "se piqua d'un snobisme assez avenant", aux dires d'André Remacle. Avec les plus hautes falaises de France en bordure de mer, des calanques où la Méditerranée insinuait ses eaux miroitantes et l'entassement des toitures ocre autour d'un clocher carré, il ne fallait pas s'étonner d'entendre les Cassidains s'exclamer avec sincérité : "Qui n'a pas vu Cassis n'a rien vu !". La formule était juste.

PLM
LA CIOTAT
STATION CLIMATIQUE. D'ÉTÉ. D'HIVER
AFFICHES BUROTTO & SAUVION – MARSEILLE

"La Ciotat",

affiche d'Albert Perrin, vers 1930.

Une luminosité qui impressionna les frères Lumière

poster by Albert Perrin, about 1930

A luminosity that impressed the Lumiere brothers

Grâce à ses chantiers navals, La Ciotat avait pris à la fin du XIXe siècle une importance économique certaine. Son port bourdonnait de la construction ou de la réparation des grands paquebots portant le pavillon des Messageries Maritimes. Chaque lancement donnait lieu à des mouvements de curiosité, des moments d'émotion. Les embarcations de pêche à voilure latine et les barquettes de plaisance à gréement houari apportaient par leurs mouvements un cachet des plus pittoresques. Entre le cap du Bec de l'Aigle à l'Ouest et la colline de la Madrague à l'Est, un admirable golfe se déployait en hémicycle. Son "doux littoral plein d'oliviers, de chênes-verts et de térébinthes" remarqué par Frédéric Mistral ne cédait en rien à la côte des Maures ou de l'Estérel. La pureté du ciel, la transparence de l'air avaient séduit Auguste et Louis Lumière, les pionniers du cinématographe, qui y tournèrent des séquences passées à la postérité : l'arrivée d'un train en gare, la baignade en mer, la barque sortant du port... Grâce à de nouveaux équipements d'accueil, des distractions variées et une publicité bien concertée, La Ciotat espérait attirer une partie de la clientèle internationale qui affluait désormais sur la Côte d'Azur. Elle pouvait se prévaloir de son climat ensoleillé, de ses plages de sable et autres beautés naturelles : le paysage du Bec de l'Aigle, la calanque de Figuerolles, l'Ile verte. Les trains rapides du P.L.M. s'y arrêtaient ; des autocars la desservaient au départ de Marseille en une demi-heure. De coquettes villas éparpillées au flanc de la colline surgirent. Tout allait être fait pour attirer les vacanciers à La Ciotat, "*station climatique d'été, d'hiver*".

"La Ciotat-Plage",

affiche de Dabo, vers 1930.
Soleil et loisirs

poster by Dabo, about 1930.
How to relax in the sun

L'immense domaine de la famille Lumière vendu par ses héritiers, la plaine Saint-Jean fit l'objet d'une grande opération immobilière portant sur plus de cinquante hectares de terrain et mille cinq cent mètres de littoral. Les constructions résidentielles fleurirent. L'ouverture d'un casino et d'un palace devait apporter le cachet qui lui permettrait de rivaliser avec les stations voisines. La Société des Bains de mer, du casino et du golf de La Ciotat fut créée en 1927. Le Golf-Hôtel aux cent-vingt chambres aménagées selon les dernières tendances décoratives se substitua à l'ancien château des Lumière au milieu de son grand parc. Du restaurant en étage, on apercevait par de grandes baies vitrées la mer Méditerranée au-dessus des palmiers. Le Casino s'élevait dans une architecture claire, façon "paquebot". On y trouvait l'agrément d'un bar américain, d'un salon de thé à l'anglaise et d'une piscine chauffée à l'eau de mer. Les amateurs de tennis pouvaient se livrer à leur sport favori, tandis que leur progéniture jouait dans un parc aménagé. Les salles de baccara et de roulette, les attractions de music-hall sur scène permettaient d'animer les longues soirées. Les affiches imaginées par Dabo et Bermond traduisent l'atmosphère ludique des lieux, rendez-vous d'une clientèle élégante fuyant de grandes cités commerciales et maritimes pour se délasser sereinement à *"La Ciotat-Plage"*.

"Casino de La Ciotat-Plage",

affiche d'André Bermond, vers 1935.

Jeux d'eaux et de cartes

poster by André Bermond, about 1935.

Waterplays for card players

La Compagnie Parisienne de Location de Films présente une Production E. A. ALGAZY de METROPA FILMS, interprétée par
LUCIEN BAROUX, BETTY STOCKFELD, ALERME
LISETTE LANVIN et ALIBERT
dans un Film d'Yves MIRANDE et René PUJOL
réalisé par CHARLES ANTON
A-dieu Ve-ni-se pro-ven-ça-le A-dieu pa-ys de mes a-mours
ROGER CARTIER
ARÈNES JOYEUSES
d'après la célèbre Opérette
d'ALIBERT et Vincent SCOTTO
Lyrics de René SARVIL
Dialogue d'Yves MIRANDE
avec
RAPHAËL MEDINA, MARTHE MUSSINE, LUCIEN CALLAMAND, SINOËL, RELLYS
MARIOTTI, CÉCILE LEMAIRE, POLAIRE et FÉLIX OUDART et CHARPIN

"Arènes joyeuses",

affiche de Roger Cartier, 1935.
Martigues, la Venise provençale

poster by Roger Cartier, 1935.
Martigues, the Provençal Venice

Sur les bords de l'étang de Berre, aux confins de la caillouteuse Crau et de la marécageuse Camargue, Martigues était l'héritière de sa configuration médiévale écartelée entre une île et la terre ferme. Frédéric Mistral avait élevé cette localité au rang de "Veniso prouvençalo" dans son poème *La Reine Jeanne*. Les visions des vieilles maisons et des barques multicolores, la richesse des tonalités avaient séduit les peintres Ziem, Corot, Derain, Ducros, Hurard, Dufy, Picabia et d'autres moins connus. Tous plantaient leur chevalet sur le quai Sainte-Catherine, en cet endroit si pittoresque nommé "le miroir aux oiseaux". Les pêcheurs s'y affairaient, démaillant les poissons et faisant sécher les filets. Les eaux vives du canal Saint-Sébastien se couvraient de reflets mouvants. Un lieu d'exception hors du temps ; mais la pointe du Brescon que chérissaient les artistes ne put trouver grâce auprès de l'administration des Ponts-et-chaussées maritimes lorsqu'il fallut construire le canal de Marseille au Rhône. La chanson de Vincent Scotto "*Adieu, Venise provençale*" prit alors une résonance toute particulière. Ce fox-trott avait été l'un des ferments du succès de l'opérette : "*Zou ! Le Midi bouge*" créée à l' Alcazar de Marseille et popularisée sous le titre d' "*Arènes Joyeuses*". Elle mettait en scène des razeteurs et de noirs toros camarguais, après que le maire de Martigues, l'hôtelier Cabissol, eut décidé d'organiser une corrida, prétexte à une suite d'aventures comiques dans une Provence exubérante. L'opérette fut reprise sous la forme d'un film que Charles Anton tourna sur les lieux-mêmes de l'action. L'affichiste Roger Cartier peignit en 1935 le sémillant Alibert lançant son air mélancolique là où les maisons et les tonnelles semblent sortir des eaux. La suite du couplet est connue : "Adieu cigalons et cigales, Dans les grands pins chantez toujours, Barques aux douces couleurs, Collines rousses de fleurs, Au loin je pars..." L'une des chansons méridionales les plus célèbres. Dans sa marche vers le progrès économique et social, Martigues avait perdu quelque peu de son harmonie et de ses traditions. De lourds pétroliers passaient désormais entre Jonquières et Ferrières. Celle en qui Charles Maurras avait dénombré pas moins de trente beautés se devait de trouver de difficiles équilibres pour rester "la reine de l'étang de Berre", "longo mai", longtemps encore, le plus longtemps possible.

"Fêtes d'Arles sous la présidence de Frédéric Mistral", affiche de Léo Lelée, 1913.
Un hommage au chantre de la Provence
poster by Léo Lelée, 1913.
An homage to the greatest Provençal poet

Avec Frédéric Mistral, la Provence avait trouvé son poète. A la lecture de *Miréio*, sa première grande oeuvre, des hommes et des femmes s'étaient sentis emplis d'une fierté supplémentaire. La magie des strophes mistraliennes ennoblissait leur cadre quotidien, rejaillissant sur leur personne. Le parfum de ce livre ne s'évaporera pas dans mille ans avait prédit Lamartine. Comme si les beautés naturelles ne leur suffisaient pas, les Provençaux avaient retrouvé l'usage de la "lenguo nostre" colorée et vibrante à laquelle le mouvement félibréen redonnait un nouvel éclat. Avec sa flamme, avec ses vers, Mistral apparaissait comme l'éveilleur des consciences, le mainteneur des traditions. Après *Mireille* publiée en 1859, suivirent *Calendal, Nerte, Les Iles d'or, La Reine Jeanne, Le Poème du Rhône,* puis en 1913 son dernier recueil, *Les Olivades,* testament mélancolique du sage de Maillane. Comme personne, il avait magnifié sa région, ses légendes, son histoire, son art de vivre. Prix Nobel de littérature en 1904, statufié de son vivant en 1909, Frédéric Mistral recevait des hommages fervents et répétés. Dans le coeur de beaucoup, il incarnait la Provence. Le grand poète avançant en âge, Arles voulut témoigner une fois encore sa reconnaissance à celui qui avait su chanter la vieille capitale romaine rêvant de ses gloires passées. De grandes manifestations en juin 1913 furent placées sous sa présidence. La réalisation de l'affiche avait été confiée à Léo Lelée, le peintre ami des félibres. Avec des couleurs délicates, l'Angevin déploya sur le papier d'imprimerie une farandole en mouvement, comme un long ruban de velours arlésien, au son des fifres et des tambourins. Au-dessus d'une paisible mer d'oliviers s'élève la silhouette d'Arles couronnée par ses arènes et ses campaniles. Après les parades des gardians, les défilés et les danses traditionnelles, se tint un "fiesto vierginenco", à la fois joyeuse manifestation populaire et célébration émouvante de fidélité. Trois cents jeunes filles décidées à ne porter désormais que le costume provençal, coiffe stricte, fichu croisé et jupe de soie, reçurent des mains de Mistral médailles et diplômes destinés à rappeler leur prise de coiffe. Ces beautés arlésiennes se voulaient les cousines de la fille du mas des Micocoules, leur héroïne. *Mireille* prit d'autres accents avec la musique de Charles Gounod. L'auteur de *Faust*, de *Roméo et Juliette* avait séjourné à Saint-Rémy en 1863 pour puiser l'inspiration et des accents sincères sur les sites chers à Frédéric Mistral. Cinquante ans plus tard, la petite localité des Alpilles tint à célébrer la composition de la partition. L'affiche de David Dellepiane par ses couleurs se révélait d'une grande originalité : Mireille songe amoureusement à son Vincent dans les champs ; quelques moutons paissent, tranquilles. Le chant des cigales qui cesse au coucher du soleil a été repris par celui des grillons. Le 6 septembre 1913, une ovation immense accueillit le vieux poète venu à l'inauguration du buste en bronze de son ami Gounod disparu. L'hymne du félibrige, la *Coupo Santo*, résonna à l'unisson. Le lendemain, un public ému assista à une représentation en plein air de l'épopée déchirante d'une jeune fille de la Crau morte d'amour. Dans la musique passait le souffle d'un vaste terroir. L'immortalité de *Mireille* semblait garantir celle de la Provence mistralienne.

"Fêtes du cinquantenaire de la composition de Mireille", affiche de David Dellepiane, 1913.
L'opéra de la Provence rustique

poster by David Dellepiane, 1913.
The opera about rustic Provence

YVES BRAYER
PROVENCE
CHEMINS DE FER FRANÇAIS

"Provence",

affiche d'Yves Brayer, 1965.
L'empire du soleil

poster by Yves Brayer, 1965.
The empire of the sun

De Marseille à Aix, Cassis et La Ciotat ou de Marseille à Martigues, Arles et Saint-Rémy-de-Provence, courent des routes bordées de paysages charmants et charmeurs, géographiquement proches les uns des autres et pourtant bien différents. Frédéric Mistral et ses amis félibres avaient redonné à la région une identité ; une kyrielle de peintres jouèrent à l'infini de son image. Attirés par une luminosité exceptionnelle, la variété des motifs et des végétations, ils surent transmettre leurs émotions : l'esprit était en harmonie avec l'oeil, et le coeur. Parmi les gens du Nord et les Parisiens qui choisirent d'y vivre et d'y reposer à jamais, Yves Brayer a traduit dans ses tableaux la Camargue et les Alpilles des années 1950-60. Lorsque la Société des Chemins de fer français lui commanda une affiche devant illustrer les dessertes du Sud-Est, il reprit l'un de ses champs de couleur. Symboles de cette "*Provence*", des oliviers centenaires aux troncs noueux, au feuillage vert argent, disposés en bandeau envahissent l'espace. A leur pied, des touffes de thym et de romarin dispersées, des pierres en désordre... Les collines tâchetées se dressent dans le lointain et tentent de se donner des allures de montagnes. Un clocher et les toitures d'un village humanisent quelque peu la beauté sauvage des lieux. Yves Brayer a livré un paysage intemporel appartenant tout à la fois au passé et au présent : une Provence chère à Frédéric Mistral, "Empire du soleil, que borde comme un ourlet d'argent le Rhône éblouissant". Mais en privilégiant dans sa composition l'olivier, l'arbre sacré des Grecs que cette terre a porté bien avant l'Italie et l'Espagne grâce aux fondateurs de Massalia, l'artiste élargissait son appartenance au monde méditerranéen.

André BERMOND, 1933.

LES AFFICHISTES,

les uns connus...

ALO (1882- 1969)

Sous ce pseudonyme se cache le Lillois Charles-Jean Hallo, membre de la Société des Artistes français. Petit-fils du peintre Vernon-Bellecourt, élève de V. Prost, J.E. Blanche et Ch. Cottet, il connut les débuts de Montparnasse s'ouvrant à la vie artistique. Ayant obtenu une bourse de voyage en 1911, il découvrit le bassin méditerranéen, de l'Espagne au Maroc, de l'Egypte à la Sicile. Le port de Marseille lui fut familier. Venu à l'art de l'affiche après la Première Guerre mondiale, il créa une centaine de publicités pour les lignes ferroviaires et maritimes. L'île de Majorque (Cie Mixte), Marseille-New York (Cie Fabre) figurent parmi ses créations les plus connues. Les productions signées Alo furent particulièrement remarquées lors de la grande Exposition des Arts décoratifs de Paris en 1925.

André BERMOND (1903-1983)

Un dessinateur né... N'avait-il pas décroché à l'âge de 14 ans le premier prix de dessin de la Ville de Nice ! A la suite d'une rupture avec sa famille , il quitta la Côte d'Azur pour s'établir à Marseille, en 1928, attiré par le métier si prenant de la publicité. Le magasin des Dames de France , rue Saint-Ferréol, fut l'un de ses premiers clients : une page illustrée dans la presse... La grande imprimerie Moullot ne tarda pas à le remarquer. De magnifiques compositions allaient surgir sous ses pinceaux et aérographes : les Moteurs marins Baudouin (en français et en espagnol), la Grande Quinzaine commerciale marseillaise... Le talent finissant toujours par triompher, André Bermond s'imposa, multipliant les affiches pour la Compagnie de navigation Paquet, l'Eau de Vals, l'Apéritif Bisset, les Casinos de La Ciotat, de Bandol... D'autres affiches encore pour Fernandel sur scène ou Tino Rossi à l'écran, sans oublier "La Femme du puisatier", le film réalisé par Marcel Pagnol en 1940. André Bermond apparaissait comme le type même du dessinateur complet. Sa signature figurait sur des dépliants, des calendriers, des cartes postales et même un dessin animé pour la Loterie nationale. Les années d'Après-guerre virent l'épanouissement de son talent, malgré tous les changements intervenus dans le domaine de la publicité. Il créa l'une des premières affiches du quotidien Le Provençal, devint le peintre des bolides (grands prix de Marseille, de Pau, d'Albi), annonça la Foire de Marseille de 1949. Des générations d'enfants ont collectionné les images qu'il concevait pour le Chocolat Prado. Président régional du Syndicat national des Artistes créateurs publicitaires, il laisse le souvenir d'un homme attachant, exigeant envers lui-même, qui sut transmettre son amour de l'imprimé et du travail bien fait.

Eugène BOURGEOIS (1855-1909)

Les qualités de cet employé de la Préfecture de la Seine furent remarquées dès sa première toile présentée en 1874 au Salon des Artistes français. Eugène Bourgeois exposa dès lors assez régulièrement des marines et des paysages et l'on se plaisait à lui trouver un sens rare de l'observation, un pinceau fidèle et précis. Ses compositions lui valurent de recevoir la commande de vastes panneaux décoratifs destinés à agrémenter l'Hôtel de Ville de Paris, les Gares de Saint-Lazare et d'Orsay en particulier. Il travailla également pour la Compagnie du Canal de Suez, les Chemins de fer Paris-Lyon-Méditerranée. A la Compagnie Générale Transatlantique, il livra sa dernière affiche : elle restituait la beauté sauvage des gorges d'El-Kantara afin de vanter les services du premier paquebot à turbines de la marine marchande française : le "Charles-Roux" assurant la liaison maritime Marseille-Alger en vingt heures.

Yves BRAYER (1907- 1990)

Le peintre méditerranéen par excellence. Une bourse de l'Etat octroyée en 1927 avait permis à ce Versaillais de découvrir l'Espagne ; l'année suivante, il partit au Maroc. En 1930, le premier Grand Prix de Rome décida d'un long séjour dans la péninsule italienne. Le Midi de la France l'attira après la Libération. Yves Brayer y travailla désormais régulièrement, s'installant tour à tour aux Baux, à Saint-Rémy et aux Saintes-Maries de la Mer. D'autres itinéraires de voyages devaient le conduire au Mexique, en Egypte, en Iran, mais toujours il s'en revenait confiant en Provence pour capter inlassablement la nature environnante. A ses huiles et aquarelles, il ajouta la lithographie et la gravure. Il illustra de nombreux livres, créa quelques affiches pour le film "Les Anges de la miséricorde" (1945), Air France "Rome" (1949), Chemins-de-Fer français "Provence" (1965). Reconnu comme l'un des peintres les plus représentatifs de l'Ecole de Paris, membre de l'Académie des Beaux-Arts, Yves Brayer vécut jusqu'à ses derniers jours dans les Alpilles, terre élue, terre aimée.

Roger BRODERS (1883-1953)

L'un des grands spécialistes de l'affiche de voyage. Pour la définir, il utilisait cette formule habile :" On passe, on voit, on enregistre" ; pour y parvenir, il concevait tour à tour des compositions classiques ou des mises en page géométriques, toujours avec bonheur. De son vrai nom Brodersen à l'origine danoise, ce Parisien suivit l'Ecole nationale des Arts décoratifs pour devenir illustrateur. Il réalisa de nombreuses publicités commerciales, mais ce sont ses affiches touristiques qui firent sa réputation. Son principal client était devenu dans les années Vingt la Compagnie ferroviaire du Paris-Lyon-Méditerranée, pour laquelle il créa plus de soixante affiches. Parmi elles, remarquons Tunis, "L'Orient aux portes de Marseille" (1920), Avignon, "Le Palais des Papes" (1922), "Le Tour du Cap Corse" (1925) et trois visions de Marseille, "La Grande métropole industrielle et commerciale" (1922), "Porte de l'Afrique du Nord" (1929), "Point de départ de la Côte d'Azur" (vers 1929), placées sous le sigle du P.L.M. Décoré de la Légion d'Honneur à la suite de l'Exposition des Arts décoratifs, il abandonna dans les années Trente la création publicitaire pour se consacrer à la peinture artistique dans son atelier d'Epinay-sur-Orge. Il n'empêche... De nos jours, ses affiches sont parmi les plus collectionnées de part et d'autre de l'Atlantique.

Jacques CARLU (1890-1976)

Pour Jacques Carlu, né dans une famille d'architectes, l 'affiche était une passion. Il sut la communiquer à Jean, son frère cadet, qui son tour venu participera au renouvellement de la publicité en Europe. Cependant, malgré quelques créations remarquées imprimées dans l'immédiat Après-guerre, Jacques Carlu s'en alla vers une toute autre consécration. Récompensé du Grand Prix de Rome d'Architecture en 1919, son séjour à la Villa Médicis achevé, une carrière internationale l'attendait. Il enseigna à Boston, ouvrit un bureau à New York. Successivement, il fut nommé architecte en chef du Palais de Chaillot en 1937, conseiller technique de la mission Monet à Washington en 1943, puis conseiller artistique du secrétaire général des Nations-Unies pour l'architecture et la décoration du siège de l'O.N.U à New York. D'autres réalisations la ramenèrent en Europe, à Lisbonne, Paris, Genève... Sur ses plans, de nombreux lycées, collèges, hôpitaux et immeubles furent construits. Pour Jacques Carlu, membre de l'Institut, architecte en chef des bâtiments civils et des palais nationaux, commandeur de la Légion d'honneur, la peinture restait son délassement préféré..., comme dans sa jeunesse lorsqu'il concevait ses maquettes d'affiches gouachées.

Henri CERUTTI

Un grand de l'affiche de cinéma. Issu d'une famille de lithographes, Cerutti débuta par le dessin humoristique avant de se lancer dans l'illustration des films. Sa production fut prolifique jusqu'en 1968. On peut y relever ses créations pour Marcel Pagnol :"Marius"(1931), "Fanny"(1932), "Regain"(1937) ou "La Galère engloutie", le film de Jacques-Yves Cousteau (1954) tourné dans les eaux de la rade de Marseille. Généralement, Cerutti s'attachait à mettre les acteurs au premier plan de ses affiches, comme si ceux-ci jouaient une dernière fois devant un décor peint.

Roger CHAPELET (1903-1995)

A ce Versaillais, la vocation de la peinture de marine était venue à Marseille, en 1927, lorsqu'il monta à bord du "Rollon", un petit cargo amarré à la Joliette. Rentré à Paris, il n'eut de cesse de gagner d'autres ports : Le Havre, Londres, Anvers, Rotterdam. Il s'embarqua enfin en 1929 découvrant d'autres horizons : il était conquis. Pour étendre ses connaissances maritimes et picturales, il n'hésita pas à participer aux campagnes de pêche des voiliers s'en allant à Terre-Neuve et au Groenland. Devenu l'affichiste des principaux armements français, nommé peintre officiel de la Marine en 1936, Chapelet vécut la guerre sur différents théâtres d'opérations, décrivant alors les combats navals et terrestres. Après avoir mené une carrière d'officier de marine, rendu à la peinture, il livra de belles affiches aux Compagnies Mixte, Paquet, Transatlantique, Charles-Schiaffino, Cyprien-Fabre, Fraissinet... Décoré de la Légion d'Honneur et du Mérite maritime, Roger Chapelet récemment disparu laisse une oeuvre importante disséminée dans de nombreux musées et collections particulières.

David DELLEPIANE (1866-1932)

Le maître de l'affiche provençale. Génois d'origine vivant à Marseille depuis son plus jeune âge, David Dellepiane s'était perfectionné à cette nouvelle technique publicitaire auprès de Jules Chéret vers 1890 et depuis ses lithographies annonçaient la plupart des grandes manifestations que la région proposait, des Expositions coloniales aux Chorégies d'Orange ou encore les services des compagnies P.L.M., Messageries Maritimes, Fraissinet, S.G.T.M., Paquet et Transatlantique. Dellepiane travaillait à façon pour l'imprimeur Moullot fils aîné qui s'était attaché l'exclusivité des créations publicitaires de l'artiste ami d'Alfred Casile et de Joseph Garibaldi. Son pointillisme rendait à merveille les vibrations de l'atmosphère par des tâches superposées, parallèles ou entrecroisées. Un journaliste du"Radical" le dépeignit, en février 1906," petit homme rougeaud, boulot, timide comme une jeune fille ou quelqu'un qui a du talent". Et poursuivant, il ajoutait: "Mais au fait, allez donc le voir dans son atelier et vous en reviendrez ébloui par toute la gamme de couleurs qu'il a su étaler sur ses toiles. Car il a véritablement le don de la couleur ! A combien de peintres pourrions-nous adresser le même compliment ?".

Marcel FEGUIDE (1888-1968)

Ce Stéphanois était tombé amoureux de la Provence ; il repose désormais dans les Alpilles. Il avait quitté sa ville natale vers l'âge de seize ans pour Rome et Paris. Artiste, il se plut à développer un lyrisme très personnel, fait d'envolées de couleurs avec une prédilection pour les crépuscules harmonieux peuplés de personnages. Son originalité lui valut d'être retenu en 1928 pour une affiche d'Aix-en-Provence. Il vécut ensuite de sa peinture à Eygalières, où il s'était installé en 1939, achetant un vieux moulin à huile, puis l'ancienne poste qu'il transforma en atelier. Même si ses tableaux étaient régulièrement exposés à Lyon, à Saint-Etienne, ainsi qu'à Paris dans la prestigieuse galerie Bernheim, Féguide entendait garder son indépendance créative. Se souciant peu des modes et des courants artistiques, il restait attiré par le caractère insolite, étranger que pouvaient avoir les êtres dans la nature. La richesse des coloris employés, un trait large et incisif, conféraient à ses compositions une exceptionnelle puissance d'évocation poétique qui firent leur succès.

Joseph GARIBALDI (1863 -1941)

Joseph Garibaldi, Marseillais de naissance, avait manifesté dès son plus jeune âge sa passion pour la peinture. Elève d'Antoine Vollon, il allait s'affirmer peintre de la nature, servi par une vision claire des ensembles paysagers et une sûreté de main impeccable. Voyageur, il se plut à fixer de son pinceau habile les monuments religieux, de la basilique des Saintes-Maries à la cathédrale d'Albi, du palais des Papes à la cité de Carcassonne... Agé de trente ans, il s'attaqua à la basilique de la Major que l'imprimerie Moullot lithographia en 1893 pour l'un de ses célèbres calendriers. D'autres travaux publicitaires suivirent, notamment pour le Syndicat d'initiative de Provence. Comme tout artiste, il lui fallait bien vivre en attendant d'être reconnu. Passé la Première Guerre mondiale, Joseph Garibaldi fut unanimement considéré comme un grand peintre de Marseille, de ses eaux changeantes où miroitent les voiliers, lourds caboteurs méditerranéens et frêles barques de pêche.

Guy GEORGET (né en 1911)

Diplômé de l'Ecole des Arts appliqués et de l'Ecole des Arts décoratifs, le Parisien Guy Georget se forma plus encore à l'atelier de création de l'imprimerie Draeger où régnait l'influence du grand affichiste Cassandre. Dans les années Trente, sûr de sa technique, il quitta l'atelier Draeger pour devenir directeur artistique d'une maison d'édition. Avec d'autres qui se consacraient à l'art graphique (Nathan, Picard-Ledoux, Satomi, Savignac), Georget entendait poursuivre avec son propre tempérament l'évolution commencée par ses prédécesseurs, les Cassandre, Loupot, Colin et Carlu. Il réalisa dans l'Après-Guerre avec son ami Jacques Nathan quelques créations communes signées G.N. Puis chacun d'eux travailla séparément. Guy Georget avait un goût particulier pour les affiches de voyage, compositions picturales rendues percutantes par des contrastes et des aplats (affiches S.G.T.M., Air France, Toulon...). Il excellait également dans la promotion des produits de grande consommation (apéritif Noilly-Prat, jus de fruits Bendor...) ou des biens d'équipement (machine à laver Conord ...). Chargé de conférences à l'Ecole des Arts décoratifs, Grand Prix Martini 1958 pour la plus belle affiche imprimée, Guy Georget restera comme l'un des meilleurs représentants de l'Art publicitaire français des années 1950-1960.

Frédéric HUGO D'ALESI (1849-1906)

De nos jours considéré comme "le père" de l'affiche de voyage, le Roumain Alexianu, naturalisé français sous le nom de Frédéric Hugo d'Alési, avait d'abord travaillé comme ingénieur au service d'une entreprise marseillaise de grands travaux. A partir de 1876, il se consacra à sa passion : les arts graphiques. Il eut l'idée de tableaux des grandes villes de France imprimés en couleurs. Marseille et son port marchand qu'il connaissait si bien furent l'objet de ses attentions. Dès 1886, Hugo d'Alési excella dans des affiches traitées "façon simili-aquarelles", ainsi qu'il se plaisait à l'indiquer. Fidèle à l'une de ses conceptions graphiques, il attirait l'attention par un personnage debout, devant un paysage intéressant pour son pittoresque, traité avec soins et nuances. A l'avant-gauche, l'affichiste plaçait un "cartouche", artifice lui permettant de présenter dans un cadre un autre site ou un navire en marche. Frédéric Hugo d'Alési, disparu en pleine activité, laissa une oeuvre importante, notamment au service du Chemin de fer P.L.M. et des compagnies de navigation maritime européennes.

Jean JULIEN (né en 1888)

Artiste-peintre marseillais, Jean Julien devint à Paris l'élève de Cormon et de Jules Adler. Exposant à partir de 1911 au Salon des Artistes français, il y fut récompensé en 1928 par une médaille d'or, après avoir obtenu les prix Lefebvre-Gleize en 1921 et Raigecourt-Goyon en 1923. Paysagiste, peintre de marines et de scènes de genre, Jean Julien s'était essayé à l'affiche de voyage dès avant 1914, dévoilant les charmes de la place de l'Hôtel de ville d'Aix-en Provence. Il réalisa en 1922 une autre affiche pour la journée d'ouverture de l'Exposition nationale coloniale, ainsi que la grande fresque décorant l'éphémère palais de la Compagnie des Messageries Maritimes au parc Chanot. Avec les Carréra, de Groux, Richebé, Audibert et Verdilhan, Jean Julien participa à la décoration du nouvel Opéra de Marseille reconstruit après l'incendie malheureux de 1919. La Légion d'Honneur lui fut décernée en 1930.

Jean-Adrien MERCIER (1899-1995)

Un prince de l'affiche, un homme charmant qui nous confia au soir de sa vie qu'il n'aimait pas se faire de publicité. Aujourd'hui disparu, nous n'hésitons pas à déclarer qu'il figure parmi les grands affichistes du XXe siècle. Bercé par le souvenir de ses images d'enfance, l'Angevin Jean-Adrien Mercier entama cette carrière en 1923. Auteur d'une centaine d'affiches lumineuses pour le cinéma, il servit une kyrielle de metteurs en scène : après Jean Epstein, viendront René Clair, Abel Gance, Jean Renoir, Julien Duvivier, Sacha Guitry et bien d'autres. Parallèlement, il composa plus de 200 affiches commerciales. Pour la firme Cointreau, il rénova le Pierrot imaginé par Tamagno vers 1900. Pour Marseille, il composa des affiches fortes pour les huiles Dulcine, l'anis Berger et la Foire de Marseille, toutes caractérisées par leur dessin net, leurs coloris francs, si fortes que certaines sont encore déclinées de nos jours.

Joseph de La NEZIERE (1873-1945)

Un gentilhomme berrichon qui consacra sa vie à la peinture et au voyage... Né à Bourges, élevé à Paris où il suivit les cours du maître Roll, Joseph de la Nézière n'eut de cesse de parcourir le monde : d'abord les Balkans, l'Asie Mineure, puis l'Afrique du Nord. En 1898-1899, il fit partie de la mission du général de Trentinian au Sénégal et au Soudan ; en 1901, il visita les Indes, l'Indochine, la Chine, le Japon, la Corée, la Sibérie. Avec Joseph Pinchon, Joseph de La Nézière conçut l'une des affiches de l'Exposition coloniale de Marseille en 1906. On lui avait également commandé la décoration du palais de l'Afrique Occidentale française. Cette manifestation fut pour l'artiste plus qu'un succès de bon aloi ; sa personnalité s'y affirma dans une originalité réelle. Il fut ensuite chargé de la décoration du palais de l'Algérie à l'Exposition franco-britannique de Londres, puis en 1910 de celle du palais de l'A.O.F. à Bruxelles. Peintre officiel du ministère des Colonies, Joseph de La Nézière devint le collaborateur et l'ami du maréchal Lyautey, créant l'Office des Arts indigènes marocains. 1922 le revit à Marseille, où il eut la responsabilité artistique et décorative de la section du Maroc à l'Exposition coloniale. Vers 1925, il réalisa une série d'affiches "Visitez la Tunisie" (Kairouan, Dougga...), puis en 1931 l'une de celles de l'Exposition coloniale de Paris. Entre ses voyages, de La Nézière résidait sur la butte Montmartre. Il était l'auteur de plusieurs dioramas, de nombreuses illustrations pour des timbres et des livres. On lui devait aussi l'un des plafonds du célèbre paquebot "Normandie". Officier de la Légion d'Honneur, Jean de La Nézière s'en revint au Maroc en 1944, où il décéda l'année suivante à Casablanca.

MISTI (1865-1923)

De son vrai nom Ferdinand Mifliez, ce Parisien, élève de Lechevallier-Chevignard, aurait débuté dans l'atelier de Jules Chéret, le "père de l'affiche illustrée". Créateur prolixe au service de plusieurs imprimeurs de la capitale, il établit vers 1908 sa propre affaire, les "Affiches Misti", à Puteaux. Ses compositions tendres ou colorées prenaient pour personnage central la femme de la Belle Epoque, et qui plus est la sienne : son modèle préféré. On retrouve cette même brune aux cheveux relevés faisant la promotion de produits marseillais comme les bougies Fournier et les savons de toilette Le Petit Chat.

Jacques NATHAN (né en 1910)

Un grand affichiste de l'Après-Guerre réputé pour son sérieux, sa précision et sa sensibilité. La vocation de ce Parisien se décida peu après 1925. De son vrai nom Jacques Garamond, Nathan avait suivi la formation de l'Ecole nationale des Arts décoratifs. Dessinateur-maquettiste, il réalisa ses premières affiches empreintes de géométrie entre 1934 et 1936. Avec Jean Carlu, Cassandre son ami et son maître, il participa à la présentation du pavillon de la Publicité à l'Exposition Universelle de 1937, puis se vit chargé de cours à l'Ecole des Arts décoratifs de Paris. A la Libération, Jacques Nathan redevint graphiste indépendant. Avec son vieil ami Guy Georget, il conçut l'affiche pour la Reconstitution du port de Marseille, qu'ils signèrent d'un monogramme commun : G.N. Il travailla pour le Service d'information du Plan Marshall et l'UNESCO. A deux reprises, en 1957 et 1963, il reçut le Grand Prix Martini récompensant la plus belle affiche imprimée en France. Il consacra le reste de sa carrière à l'enseignement, à des séries d'affiches remarquées pour la S.N.C.F. et Air France, ainsi qu'à la présidence de la Société des Artistes décorateurs.

Léo LELEE (1872- 1947)

Le peintre des Arlésiennes... Léopold Lelée, un Angevin professeur un temps à l'Ecole des Arts industriels de Roubaix, avait découvert la Provence en 1902. Ebloui comme Van Gogh, conquis par les beautés de l' "Arlésie", il s'y installa devenant l'ami des félibres, mais aussi de Léon et Lucien Daudet. Il se plut à saisir la grâce des filles du pays encore nombreuses à revêtir le costume traditionnel. Outre quantité d'aquarelles et peintures de chevalet des plus soignées, Lelée réalisa des estampes, illustra des livres, décora des céramiques. Quelques affiches, le Cinquantenaire de Mireille (1909) et les Fêtes d'Arles (1913), consacrèrent plus encore celui que Frédéric Mistral, récemment promu prix Nobel de littérature, se plaisait à présenter comme "le" peintre de la cité. Au lendemain de la Grande Guerre, Léo Lelée fixé à Fontvieille poursuivit ses travaux d'imagier provençal, ainsi qu'il se définissait. De nouvelles affiches apparurent à la demande du P.L.M., magnifiant les arènes de Nîmes, le théâtre antique d'Arles, Vaison la Romaine et le Mont Ventoux, ou encore le moulin de Daudet qu'il avait contribué à restaurer "sur la route triomphale d'Arles aux Baux". Admirable peintre d'un terroir qui était devenu le sien, Léo Lelée a contribué à la renaissance de la culture provençale, mais aussi au développement du tourisme entre la Camargue et les Alpilles.

Obrad NICOLITCH (1898-1976)

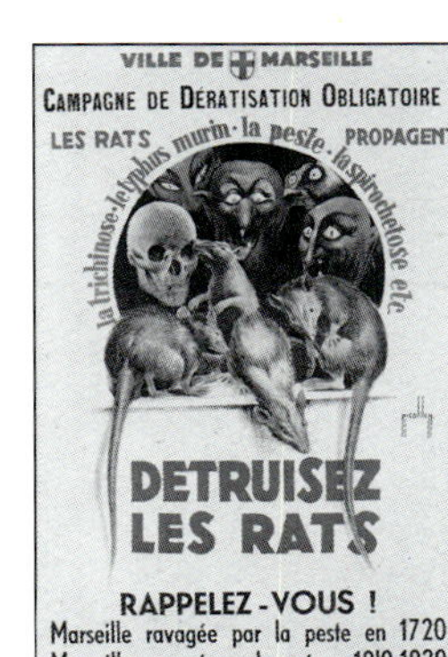

Un grand affichiste marseillais des années Trente. Arrivé de sa Serbie natale en 1916, Obrad Nicolitch s'installa à Marseille, cité d'adoption qu'il ne devait plus quitter. Après l'Ecole des Beaux-Arts, il se lança dans la publicité, travaillant seul, tout à la fois concepteur, maquettiste, chromiste, lithographe, éditeur et même...livreur. Ses anciens confrères n'ont pas oublié son atelier poussiéreux, une véritable échoppe où Nicolitch s'affairait, vêtu d'une longue blouse sombre et d'une casquette anti-reflet. Il travailla pour plusieurs marques de savons de Marseille : Le Chat, La Tour, Mon Docteur, Le Kabyle. Parmi ses autres créations commerciales, retenons la première affiche du pastis Ricard réalisée par l'imprimerie Moullot : un tirage restreint, "juste de quoi faire savoir que nous existions" se souvient encore Paul Ricard. Obrad Nicolitch réalisa de nombreuses affiches pour les artistes de music-hall de la région, contribuant à populariser à sa façon de jeunes talents débutant sous les pseudonymes de Fernandel, Alibert et Montand.

PAL (1860-1942)

S'expatriant de Bucarest, avant de se fixer à Paris en 1893, Jean de Paléologue s'était d'abord rendu à Londres afin d'y approfondir ses connaissances artistiques. Devenu un spécialiste de la lithographie, le Roumain se fit un nom dans la publicité : Pal. Il donna en série des compositions où trônaient généralement des beautés épanouies. Volontairement, Pal développait leur pouvoir de séduction pour soutenir la promotion des produits vantés sur ses affiches. Cependant pour les savons de Marseille La Bonne Mère ou Le Naturel, il abandonna ses "cocottes" de la Belle Epoque en leur préférant l'image virginale de la sainte patronne de la cité ou d'une adolescente souriante. Cédant à d'autres charmes, Pal suivit Sarah Bernhardt en tournée aux Etats-Unis. Installé à New York, il se consacra au portrait, à la gravure,et travailla même occasionnellement pour le Septième Art. Naturalisé américain, son existence bohème s'acheva en Floride.

Albert PERRIN (né en 1869)

Un imprimeur marseillais mâtiné de dessinateur.Tel était celui qui dirigea successivement l'imprimerie coopérative régionale, l'imprimerie de la Méditerranée, puis l'imprimerie Burotto & Sauvion. Dans les années trente, il créa pour le P.L.M. une affiche agréable et décorative montrant La Ciotat, "Station climatique d'été, d'hiver". En 1936, la Ville de Marseille le sollicita pour enquêter sur le fonctionnement technique et financier de l'imprimerie municipale. Cette fonction fut officialisée par un arrêté du maire Henri Tasso qui délégua Albert Perrin à la direction de l'atelier municipal pour une durée de deux ans. De multiples renouvellements du contrat le laissèrent à ce poste jusqu'en 1950. L'honorariat lui fut alors conféré par la Mairie de Marseille, qui souligna à cette occasion le zèle et les qualités de gestion de ce professionnel de l'imprimerie ; il avait alors 81 ans.

Joseph PINCHON (1871-1953)

Portraitiste et illustrateur, il restera comme le créateur de Bécassine apparue en 1905 dans le tout premier numéro de l'hebdomadaire enfantin "La Semaine de Suzette". Ne présumant pas du succès commercial de son personnage, il conçut avec Joseph de La Nézière l'une des affiches de l'Exposition coloniale de 1906. Une bourse de voyage lui permit de découvrir les Indes. Seize ans plus tard, il s'en revint à Marseille lors de la seconde Exposition coloniale réalisant au pavillon de l'Algérie une série de dioramas habilement peints.

Max PONTY (1904-1972)

Un affichiste parisien qui, comme d'autres, débuta (en 1919) dans l'atelier de création de l'imprimerie Draeger à Montrouge. De 1926 à 1936, Ponty passa avec ses pinceaux et aérographes à l'imprimerie Hachard & Cie. Il y réalisa de superbes compositions, notamment pour la Foire de Marseille (1929), la Compagnie Paquet (1929,1930), Le Petit Marseillais (1931), le Saucisson Mireille (1934). Un de ses jeunes collègues de l'époque, Savignac, le définissait comme "Le plus gentil, le meilleur camarade qui fût jamais, adorant la vie, plein de joie et de sensualité". Professeur de dessin à l'Ecole des Arts appliqués durant la Guerre, Max Ponty mettra ensuite son talent au service de différents imprimeurs de la région parisienne jusque dans les années 1960. Il restera dans l'histoire de la publicité française comme le créateur du graphisme des cigarettes Gitanes de la S.E.I.T.A. qui, depuis 1947, survit à toutes les modes.

Horace RICHEBE (1871-1964)

Comme quelques artistes, Richebé est venu à l'affiche par patriotisme à l'occasion du lancement des emprunts de la Première Guerre mondiale et des lendemains de paix. Algérois de naissance, il suivit les cours des Beaux-Arts, à Marseille d'abord, puis à Paris où il devint l'élève de Gérome. Revenu à Marseille, sur l'un des bords de cette Méditerranée qu'il aimait tant, il s'y fit une belle clientèle qui appréciait tout particulièrement ses paysages provençaux. Il devint l'un des peintres attitrés du Vieux-Port, de ses voiliers et de son petit monde : poissonnières, portefaix, pêcheurs et matelots, qu'il apercevait depuis la fenêtre de son atelier. Mais il ne se spécialisa dans aucun genre : peintre des fleurs, il donnait de la flore des interprétations jugées subtiles et lyriques ; portraitiste, ses effigies avaient une vigueur singulière. Horace Richebé occupa de 1924 à 1941 les fonctions de conservateur des Musées et de directeur de l'Ecole d'Art d'Arles.

Albert SEBILLE (1874 -1953)

Un peintre de la Marine distingué, né à Marseille. Affichiste, Albert Sebille l'était devenu au début du siècle lorsqu'il mit son crayon au service de la Ligue maritime française. Son père, professeur d'architecture à l'Ecole des Beaux-Arts de Marseille, lui avait transmis sa passion du dessin et de la mer. Albert Sebille était "monté" à Paris pour y parfaire sa technique auprès du maître Gérome. Lors de l'Exposition coloniale de 1906, un de ses tableaux exposés dans sa ville natale lui permit de gagner une bourse de voyage pour découvrir l'Algérie. L'année suivante, ses qualités picturales lui valurent d'être nommé peintre du département de la Marine et d'accoler à sa signature une ancre symbolique. Les compagnies de navigation (Sud Atlantique, S.G.T.M, Paquet, Transatlantique) commencèrent à choisir cet artiste pour la réalisation de leurs affiches. Sur chacune d'elles, seul le bâtiment décrit comptait ; par un traitement appliqué, Sebille parvenait à l'individualiser au gré des saisons et des sites fréquentés. La collaboration avec la Transat, "the French Line", fut particulièrement longue et fructueuse. Après plusieurs affiches et publicités, le peintre de la Marine devint conseiller du service des constructions navales de la Transat. Avant la mise en chantier du "Normandie", il fit de nombreuses épures pour dessiner la silhouette, bloquant les détails et simplifiant les formes. Sebille sut se montrer hardiment novateur et l'on a pu dire que toute l'esthétique des paquebots construits depuis découlait des études que fit Albert Sebille pour "Normandie" ! A son tour, le cinéma fit appel à ses talents pour le film "Alerte en Méditerranée" réalisé par l'Aixois Léo Joannon et sorti sur les écrans en 1938. Malgré des créations admirables et des réussites indiscutables, l'affiche n'en resta pas moins un domaine secondaire dans l'oeuvre de Sebille. Fondamentalement, il était un artiste de la mer, artiste-peintre et non affichiste publicitaire.

Dimitrie STIUBEI (1901-1986)

Originaire de Moldavie, ce Roumain fréquenta d'abord l'Ecole des officiers de la Marine royale de 1919 à 1921. Promu lieutenant, il obtint en 1929 un congé spécial pour étudier la peinture à Munich avec les professeurs Liebermann et Trumm. Devenu commandant, il ne cessa de peindre les rivages de la Grèce, de l'Egypte et de la France. Apprécié pour ses compositions à l'huile et à l'aquarelle, Stiubéi créa aussi des affiches de voyage, illustra des livres et des calendriers. Il offrait ses visions artistiques dans tous les formats, de la fresque murale au timbre-poste. Décoré de la Croix des Hohenzollern en 1933 et de la Légion d'Honneur en 1937, Stiubéi se spécialisa progressivement dans la peinture de chevalet. Ses expositions personnelles, ses participations à plusieurs Salons officiels et internationaux (Helsinki, Bucarest, Bâle, Paris, Londres, New York) contribuèrent à le faire apprécier plus encore. La censure du régime Ceaucescu avait exclu de l'histoire de l'Art roumain contemporain ce dissident, installé en Suisse, puis en Allemagne, et qui exposait désormais à Athènes, Lugano et Mettmann.

..les autres méconnus

ARNSTAM

Certainement le pseu-donyme d'un bon dessinateur qui travailla pour le cinéma. L'affiche du film "Le Comte de Monte-Cristo", dans le style conventionnel des années Quarante, témoigne de ses qualités de portraitiste.

DABO

Un affichiste connu pour sa série "La Syrie et le Liban, pays de tourisme et de villégiature" (1931). Etait-ce Lean Dabo (1868-1960), peintre américain de paysages et de décorations murales né à Détroit, ancien élève de l' Académie Julian et de l'Ecole des Beaux-Arts de Paris, fait chevalier de la Légion d'Honneur en 1934, membre du National Art club de New York, nous ne pouvons l'affirmer.

Abbé MERME

A cet ecclésiastique, on peut attribuer avec certitude l'affiche anonyme des Fêtes du couronnement de Notre-Dame de la Garde, réalisée en 1931 à l'imprimerie Saint-Lazare, distribuée dans les parois- ses, les communautés religieuses et les cercles catholiques par les soins de l'Evéché de Marseille.

J. BEGHIA

Dessinateur travaillant à Marseille, de l'Entre-deux guerres jusqu'en 1956. On connait de lui une affiche pour le Syndicat d'Initiative-Office du Tourisme de Marseille vers 1930.

J.-A. DUPUICH

Dessinateur marseillais, auteur notamment de cartons d'intérieur pour la crème Bruni-Plage (1934), d'encarts publicitaires dans la presse pour la Compagnie de navigation Mixte (1938), installé à la Libération rue Venture.

Mario PEZILLA

Aquarelliste et dessinateur, répertorié "Ecole italienne" au dictionnaire Bénézit, un temps illustrateur au service des célèbres établissements F. Robauby à Cannes.

Roger CARTIER

Un caricaturiste qui entama sa carrière après la Première Guerre mondiale, auteur d'affiches de cinéma jugées "choc" par Dominique Augel, spécialiste du Septième Art, qui cite "Bécassine" (1936), "Circonstances atténuantes" (1939), "Le studio en folie" (1951)... Un traitement quelque peu mièvre cependant pour le film "Arènes Joyeuses" tourné à Martigues vers 1935.

Albert DUVERNAY

On connait ses affiches pour la station balnéaire de Cassis et la marocuinerie Max (1938), lorsqu'il travaillait pour l'agence Havas. Démobilisé durant l'été quarante, il ne fut pas réintégré dans l'équipe des créateurs du n°20 de la Canebière. De retour dans la cité phocéenne, après la Libération, il se serait mis à travailler pour son compte.

PICHON

Installé rue Rochechouart à Paris, le graphiste Pichon créa dans ses ateliers deux affiches pour Aix-en-Provence, sa "station thermale" et son "eau" mise en bouteille (1925).

B. CHAVANNAZ

Auteur d'une douzaine d'affiches d'emprunts pour le Crédit Commercial de France, le Crédit Lyonnais, la Société Générale et diverses autres banques, ainsi que pour une campagne de l'Union des Françaises contre l'alcool, toutes réalisées par l'imprimerie parisienne Crété entre 1917 et 1920.

Henry MARIEL

Dessinateur actif de 1928 à 1968 au 32 de la rue Saint-Saëns, connu dès 1925 par son affiche Végétaline, le célèbre beurre végétal des huiliers marseillais Rocca Tassy & de Roux.

Albert PLACE

Ce dessinateur marseillais de l'Après-guerre installé rue Grignan se fit apprécier par ses réalisations publicitaires, affiches et dépliants destinés à la Foire Internationale de septembre, habiles transpositions des créations de Jean-A. Mercier. Il était membre du Syndicat national des Artistes, artisans créateurs publicitaires.

Nos plus vifs remerciements s'adressent

à Monsieur
Henry ROUX-ALEZAIS,
Président de la Chambre de Commerce et d'Industrie Marseille-Provence,
Président du Port Autonome de Marseille,
et à Madame ROUX-ALEZAIS
qui ont soutenu le projet éditorial dès ses origines,

à Monsieur
Jean-Claude GAUDIN,
Maire de Marseille,
Ministre de l'Aménagement du Territoire, de la Ville et de l'Intégration,
Président du Conseil Régional Provence-Alpes-Côte d'Azur,
qui a bien voulu préfacer cet ouvrage,

à Monsieur
Jacques ROCCA SERRA,
Adjoint au Maire de Marseille,
Sénateur des Bouches du Rhône,
Président de l'Association "Une Ville. Un Patrimoine".
qui a contribué à la réalisation de ce livre.

à Mesdames
Anne-Claude LELIEUR,
Conservateur de la Bibliothèque Forney de Paris,
Myriame MOREL,
Conservateur du Musée d'Histoire de Marseille,
Arlette PLAYOUST,
Directeur des Archives départementales des Bouches-du-Rhône,
et à Messieurs
Georges BERMOND,
Directeur d'Espace Imprimerie,
Bernard CAZES
Directeur Général de la Chambre de Commerce et d'Industrie Marseille-Provence,
François DEL PRETE,
Président Directeur Général de la Société Hôtelière du Palm Beach-Concorde,
Georges GUARRACINO,
Directeur du Musée Provençal du Cinéma,
qui nous ont ouvert leurs collections d'affiches anciennes,

à Madame
Réjane BARGIEL,
Conservateur du Musée de la Publicité à Paris,
à Messieurs
Pierre ECHINARD,
Président de l'Institut Historique de Provence,
Christophe ZAGRODSKI,
Expert en Arts graphiques à Paris,
qui nous ont permis de préciser certaines datations,

sans oublier Messieurs
Jacques BARET, Jean FONDACCI et Jean-Max TIXIER,
pour leur amicale collaboration.

Orientation bibliographique :

P. BOULANGER, *David Dellepiane à travers ses affiches*, Caisse d'Epargne Provence-Alpes-Corse, 1993

P. BOULANGER, *Mémoires du savon de Marseille*, Equinoxe, 1994

Fl. CAMARD, Ch. ZAGRODZKI, *Le Train à l'affiche*, La Vie du rail, 1989

R. CATY, *Le Port de Marseille 1860-1945*, Edisud, 1984

Chambre de Commerce et d'Industrie Marseille-Provence, *Cent femmes 1900 à l'affiche*, CCIMP, 1991

Chambre de Commerce et d'Industrie Marseille-Provence, *Au coeur de Marseille Commerces 1900*, CCIMP, 1994

M. GALLO, *L'Affiche, miroir de l' histoire, miroir de la vie*, Robert Laffont, 1989

M. GAY, *Léo Lelée. Un Angevin chez les Félibres*, Notre-Dame, 1989

F. GHOZLAND, *Un Siècle de réclames alimentaires*, Milan, 1984

F. GHOZLAND, *Un Siècle de réclames : les boissons*, Milan, 1986

G. GUARRACINO, *La Provence dans la lumière du cinéma*, Editions Méditerranéennes du Prado, 1994

D. HILLION, *La Mer s'affiche*, Ouest-France, 1990

A.-C. LELIEUR, *Jean-A. MERCIER affichiste*, Agence Culturelle de Paris, 1995

A. de MONTRY, Fr. LEPEUVE, *Voyages. Les affiches de Roger BRODERS*, Syros Alternative, 1991

Musée National des Arts et Traditions Populaires, *Quand l'affiche faisait de la réclame*, Réunion des Musées Nationaux, 1991

Musée de la Publicité, *Le Livre de l'affiche*, Alternatives, 1985

A.WEILL, *L'Invitation au voyage*, Somogy, 1994

Provenance des affiches :

Collections des Archives Communales de Marseille : pages 18, 38, 39

Collections des Archives Départementales des Bouches-du-Rhône : pages 44, 45, 48, 52, 64, 96, 97

Collections G. Bermond : pages 68, 77, 93, 102

Collections de la Chambre de Commerce et d'Industrie Marseille-Provence : pages 7, 17, 20, 21, 22, 28, 29, 30, 32, 33, 34, 36, 40, 46, 47, 49, 54, 56, 57, 58, 59, 60, 71, 78, 80, 81, 84, 86, 87, 88, 90, 92, 98

Collections Fr. Del Prete : page 24

Collections de la Bibliothèque Forney : page 27

Collections du Musée d'Histoire de Marseille : pages 6, 14, 16, 19, 23, 26, 50, 62, 70, 72, 76

Collections du Musée Provençal du Cinéma : pages 66, 74, 94

Photographies :

Christian CRES

pages : 4/5, 12/13, 17, 33, 42/43, 49, 57, 71, 77, 82/83, 87, 93

Conception graphique :

Jacques BARET

AGEP

Photogravure :

SCAN PLUS

Achevé d'imprimer

en novembre 1996

sur les presses de l'imprimerie AGEP

336, avenue de Mazargues, 13008 Marseille

Lauréat du XXXIe cadrat d'or

Dépôt légal : novembre 1996 - ISBN : 2 911 988 - 00 - 0